UNIVERSITÉ DE CAEN -- FACULTÉ DE DROIT

DE LA
RÉGLEMENTATION
DES
DÉBITS DE BOISSONS

THÈSE POUR LE DOCTORAT

SOUTENUE PUBLIQUEMENT

Dans la Salle des Actes de la Faculté de Droit

LE VENDREDI 3 JUILLET 1908, à 3 heures 1/2

PAR

Georges LOTTE

CAEN

IMPRIMERIE ADELINE, G. POISSON ET Cie, SUCCESSEURS

16, rue Froide, 16

1908

DE LA
RÉGLEMENTATION
DES
DÉBITS DE BOISSONS

THÈSE POUR LE DOCTORAT

SOUTENUE PUBLIQUEMENT

Dans la Salle des Actes de la Faculté de Droit

LE VENDREDI 3 JUILLET 1908, à 3 heures 1/2

PAR

Georges LOTTE

CAEN

IMPRIMERIE ADELINE, G. POISSON ET Cⁱᵉ, SUCCESSEURS

16, rue Froide, 16

1908

UNIVERSITÉ DE CAEN

FACULTÉ DE DROIT

Année scolaire 1907-1908

DOYEN :

M. Edmond Villey (✳, I. 🎗), membre de l'Institut, membre du Conseil supérieur de l'Instruction publique.

PROFESSEURS :

MM. Danjon (I. 🎗), professeur de *Droit commercial*, chargé du cours de *Droit maritime*.

Edmond Villey (✳, I. 🎗), professeur d'*Économie politique*, chargé du cours de *Législation financière*.

Guillouard (✳, I. 🎗, C. ✠, G. O. ✠, C. I. C. ✠, O. ✠, L. ✠), professeur de *Droit civil*, correspondant de l'Institut.

Lebret (I. 🎗), (ancien Ministre de la Justice), professeur de *Droit civil*, chargé du cours de *Notariat et Enregistrement*.

Cabouat (I. 🎗), professeur de *Droit international public et privé*, chargé du cours de *Législation industrielle*.

Biville (I. 🎗), professeur de *Procédure civile* et chargé d'un cours d'*Éléments de Droit civil*.

Debray (A. 🎗), assesseur du Doyen, professeur de *Droit romain* et chargé d'un cours d'*Histoire du Droit français*.

Le Fur, (A. 🎗), professeur de *Droit administratif* et chargé du cours d'*Éléments de Droit constitutionnel*.

MM. Astoul (A. ※), professeur de *Droit romain* et chargé du cours de *Pandectes* et du cours sur la *Coutume de Normandie* et d'*Histoire du Droit public français*.

Degois (A. ※), professeur de *Droit criminel*, chargé du cours de *Droit civil approfondi et comparé*.

Génestal (A. ※), professeur d'*Histoire du Droit français*.

Allix (A. ※), professeur d'*Économie politique* et d'*Histoire des doctrines économiques*.

Nézard (A. ※), docteur en droit, chargé des cours de *Droit constitutionnel comparé*, de *Droit public*, de *Droit administratif* et d'*Éléments de Droit public et administratif*. (Capacité.)

Binet, docteur en droit, chargé d'un cours de *Droit civil*.

SECRÉTAIRE :

M. Gallou, (I. ※), secrétaire des Facultés de l'Université de Caen.

———

La Faculté n'entend donner aucune approbation ni improbation aux opinions émises dans les thèses ; ces opinions doivent être considérées comme propres à leurs auteurs.

———

JURY D'EXAMEN

MM. BIVILLE, *Professeur, Président.*
LE FUR, *Professeur.*
ALLIX, *Professeur.*

———

INTRODUCTION

Depuis quelques années, la lutte contre l'alcoolisme paraît être entrée dans une phase nouvelle.

Sous la poussée patiemment soutenue des médecins, des hygiénistes, des criminalistes, des économistes, l'opinion publique s'est émue de la marche sans cesse ascendante de ce fléau. Le cri d'alarme, poussé par le Conseil municipal de Rouen, le 11 novembre 1898 (1), est parvenu au Parlement répercuté en écho par un nombre considérable d'Assemblées départementales et communales.

Des propositions de loi ont été formulées, sans grand succès il est vrai, en vue de combattre l'intensité du mal ; des circulaires ministérielles sont venues rappeler aux municipalités l'existence de textes propres à en pallier en partie les effets désastreux ; des groupes antialcooliques se

---

(1) Voir ci-après, p. 70 (note).

sont formés au sein même de la Chambre des Députés et du Sénat. L'élan semble donné ; désormais le législateur ne saurait tarder à prendre, dans la croisade contre l'alcool, la place prépondérante qui lui appartient.

Les circonstances nous ont donc paru favorables pour traiter de la réglementation des établissements qui constituent, croyons-nous, la clef de voûte de la question alcoolique, nous voulons dire les débits de boissons. Nous nous sommes proposé, en conséquence, d'examiner les desiderata que présente en la matière notre législation et de rechercher, en nous inspirant tant des vœux multiples émis à ce sujet que des prescriptions en vigueur dans les principaux pays étrangers, les améliorations qui pourraient y être utilement apportées.

A cet effet, nous avons divisé le présent opuscule en deux parties. Après avoir légitimé brièvement l'intervention restrictive de l'État en matière de débits de boissons, et fait ressortir la nécessité de dispositions plus énergiques que celles édictées par les lois des 23 janvier 1873 et 17 juillet 1880, nous étudierons, dans la première partie, les conditions auxquelles, à notre avis, devrait être subordonnée l'ouverture et l'existence de ces établissements : conditions relatives à la personne du débitant, au local des débits, à la multiplication de leur nombre. La discussion de ces dernières, qui sont fort importantes, retiendra particulièrement notre attention et prêtera à de longs développements.

La deuxième partie sera réservée à l'examen de mesures destinées à mettre obstacle aux manœuvres abusives auxquelles certains débitants ne craignent pas de se livrer, dans un but de lucre, et, par suite, à assurer le bon fonctionnement des débits de boissons : détermination de la durée d'ouverture journalière des débits, interdiction d'employer des femmes, de verser à boire aux ivrognes et aux mineurs, etc... Nous nous occuperons, en terminant, des cafés-concerts, dont l'existence est soumise à un régime différent de celui des débits de boissons (1).

---

(1) Il nous a semblé que ce serait sortir du cadre que nous nous sommes tracé que de comprendre, dans le présent opuscule, l'étude des dispositions qui régissent les rapports des débitants de boissons avec l'Administration des Contributions Indirectes. C'est ce qui explique pourquoi, lorsque nous parlerons des licences (ci-dessous, p 91), nous envisagerons l'augmentation de cette taxe, non au point de vue du résultat fiscal qu'elle pourrait entraîner, mais uniquement comme constituant un moyen propre à poursuivre la réduction du nombre des débits.

Nous nous bornerons à faire remarquer que la loi du 29 décembre 1900 a apporté de profondes modifications à la réglementation fiscale des débits. Cette loi, dont l'objet fut surtout de favoriser la consommation des boissons hygiéniques, a dégrevé les vins, cidres, etc... des droits de détail, d'entrée, de taxe unique auxquels ils étaient antérieurement soumis, ne leur faisant plus supporter désormais qu'un seul droit, celui de circulation. Elle a supprimé, par voie de conséquence, l'exercice dans les débits de boissons ; toutefois, ceux de ces établissements situés dans les communes où il n'existe pas de surveillance effective et permanente aux entrées, n'en sont pas moins assujettis aux visites des agents de la Régie, visites ayant exclusivement pour but de prévenir les fraudes ou de les réprimer.

Les ressources nécessaires à l'équilibre de la réforme ont été demandées à une surimposition des alcools (220 francs au lieu de 156 fr. 25 par hectolitre d'alcool pur) et à une forte majoration du tarif des licences rendu proportionnel, majoration considérée, particulièrement pour les débitants des campagnes, comme une sorte de rachat des formalités de l'exercice dont ces redevables étaient exonérés pour l'avenir.

Première Partie

Réglementation relative à l'ouverture et à l'existence des Débits de Boissons

CHAPITRE PREMIER

Légitimité du Droit de Réglementation par l'État des Débits de Boissons

Réglementer une profession commerciale ou industrielle, c'est apporter des restrictions à l'exercice de cette profession, en déterminer de façon précise les limites, c'est donc atteindre dans son intangibilité le principe de la liberté du commerce et de l'industrie.

Une mesure produisant de semblables effets ne peut, évidemment, être prise que dans des cas exceptionnels et seulement quand il y a danger réel pour les individus, l'ordre public ou l'existence de l'État. C'est ainsi, par exemple, que des règlements sévères régissent, à juste titre, les professions qui ont pour objet la fabrication ou la manipulation de matières explosives, facilement inflammables, ou fortement toxiques.

Mais l'intervention de l'État ne laisse-t-elle pas place à la critique, ne constitue-t-elle pas une atteinte injustifiée au principe de liberté, lorsqu'elle s'applique à la profession de débitant de boissons? Pourquoi, en effet, traiter le débitant différemment que l'épicier, le restaurateur, le crémier, etc. ; pourquoi lui imposer un régime d'exception ?

La raison en est simple : la vente des boissons au détail constitue un commerce à part, d'un genre tout spécial.

Alors que le client de l'épicier, une fois servi, sort immédiatement du magasin, emportant les denrées qu'il vient d'acheter, celui du débitant, au contraire, demeure autant que bon lui semble, à la seule condition de renouveler de temps à autre sa consommation. On met à sa disposition des journaux, des illustrés, des revues de toutes sortes ; il peut écrire, traiter ses affaires, se rapprocher d'autres consommateurs, jouer, converser avec eux, si bien que, loin d'être une simple officine de commerce, le débit de boissons est un endroit largement ouvert à tous, où l'on aime à se retrouver, où l'on joue et où l'on cause : c'est le lieu de réunion par excellence.

Lieu de réunion pour les désœuvrés, « les habitués » qui font leur partie, y lisent les journaux, y commentent les nouvelles ; lieu de réunion pour les négociants et les commerçants qui y passent leurs marchés, mais aussi lieu de réunion pour les ouvriers, les politiciens, les débauchés, les criminels.

C'est au débit que les ouvriers venus par groupes nombreux, leur dur labeur achevé, se laissent peu à peu entraîner par les doctrines subversives de camarades beaux parleurs et fomentent les grèves ; c'est au débit que celui qui postule un mandat politique développe, devant ses électeurs, les points multiples de son programme aux promesses merveilleuses. C'est au débit que se rencontrent à foison les femmes de mauvaise vie, que se préparent et parfois se déroulent des scènes honteuses de débauche ; et c'est là aussi que se donnent rendez-vous les malfaiteurs, voleurs et assassins, pour combiner leurs coups d'audace ou se partager le produit de leurs crimes.

Et si l'on cause, si l'on discourt, si l'on conspire contre les particuliers et même contre l'État, on fait plus encore au débit : on y boit, et l'alcool, sous ses formes innombrables, y coule à flots.

C'est du débit que sortent ces ivrognes zigzaguant, dont les excentricités sont une cause de scandales et une menace constante pour l'ordre et la sécurité publics. Et c'est au débit que naît et se développe l'alcoolisme, ce mal terrible qui fait d'hommes robustes des pensionnaires d'hôpitaux que le délire conduira à la folie, s'il ne les pousse auparavant au suicide et au crime ; ce mal dont les effets, suivant le mot de Gladstone, sont plus désastreux que ceux de la famine, de la peste, et de la guerre, car plus que la famine et la peste, il décime, plus que la guerre, il tue, il fait pis encore, il déshonore.

Réglementer un commerce dont l'exercice engendre de pareils dangers n'est pas seulement un droit pour l'État, c'est pour lui un devoir tout indiqué, une obligation étroite, une nécessité d'ordre social.

CHAPITRE II

Les Lois des 23 Janvier 1873 et 17 Juillet 1880
Leurs Effets

Deux lois réglementent actuellement les débits de boissons : la loi du 23 janvier 1873 et surtout celle du 17 juillet 1880.

Nous n'étudierons pas ces textes dans leur détail ; nous nous contenterons, dans le présent chapitre, de faire ressortir l'esprit dans lequel ils ont été conçus et plus spécialement quels en ont été les résultats.

La loi du 23 janvier 1873 est l'œuvre presque exclusive des moralistes. A défaut d'autre indication, son titre : « Loi tendant à réprimer l'ivresse publique et à combattre les progrès de l'alcoolisme », suffiraient à le démontrer de façon évidente. Les hygiénistes ne furent toutefois pas étrangers à son élaboration, et c'est à eux, à n'en point douter, que nous devons de rencontrer pour la première fois le mot « alcoolisme » dans un texte législatif.

Son but est d'attaquer le fléau alcoolique dans l'une de ses manifestations les plus courantes, l'ivresse publique. — Et, pour arriver à ce résultat, elle frappe non seulement les ivrognes de façon directe, mais encore, et c'est à ce point de vue qu'elle nous intéresse spécialement, les débitants peu scrupuleux qui, par trop soucieux d'appliquer à la lettre le précepte : les affaires sont les affaires, accueillent avec bienveillance les ivrognes et les mineurs de 16 ans. — Elle défend, en conséquence, aux débitants de recevoir dans leurs établissements des gens manifestement ivres, de leur donner à boire et de verser des boissons alcooliques à des mineurs de 16 ans, sous la menace de peines d'abord minimes, mais dont la sévérité croît rapidement avec la répétition des faits délictueux, puisque le débitant récidiviste peut s'entendre déclarer incapable d'exercer ses droits de citoyen, interdire la faculté de livrer des boissons à consommer sur place, et même condamner à la fermeture de son établissement pour un temps ne pouvant toutefois exéder un mois.

Une loi conçue dans un esprit aussi moralisateur devait, semble-t-il, rendre à la cause antialcoolique des services appréciables. Et de fait, si l'on compulse les statistique officielles publiées par le ministère de la Justice, relativement à la répression de l'ivrese publique, on trouve les renseignements suivants, qui, à première vue, paraissent confirmer cette opinion.

ANNÉES	Affaires poursuivies en simple police (Contraventions).	Affaires poursuivies devant les tribunaux correctionnels (Délits).	Affaires poursuivies devant les tribunaux correctionnels en même temps que des délits de droit commun (Contraventions connexes).
1873	52.613	980	5.754
1874	73.779	4.033	8.606
1875	81.486	5.523	14.473
1876	75.034	5.287	11.239
1877	70.062	4.462	10.369
1878	59.779	3.618	8.575
1879	54.644	3.010	9.340
1881	54.185	2.949	10.255
1885	50.892	3.268	8.603
1890	49.167	3.012	9.869
1895	45.396	2.721	9.461
1900	53.759	3.299	8.126
1901	46.256	2.219	7.965
1902	49.004	2.562	8.190
1903	45.164	2.415	6.964

Le nombre des poursuites pour ivresse publique effectuées de 1875 à 1881, comparé au nombre de celles qui l'ont été en 1903, est donc en sensible décroissance. La même constatation — mais plus marquée encore — apparaît si l'on se borne au seul examen des affaires jugées pour ivresse publique par les tribunaux de simple police de la Seine.

Tribunaux de simple police de la Seine

Années	Nombre d'affaires jugées
1873	11.825
1874	14.605
1875	16.606
1879	8.572
1881	7.277
1885	4.539
1890	4.138
1895	3.025
1900	2.836
1901	3.298
1902	4.483
1903	3.624

Enfin, le succès de la loi de 1873 devient saisissant, si l'on se reporte au tableau ci-après, qui ne concerne que les délits d'ivresse jugés par le Tribunal correctionnel de la Seine :

Années	Nombre d'affaires jugées
1873	164
1874	1.132
1875	1.581
1879	522
1881	421
1885	191
1890	57
1895	31
1900	3
1901	1
1902	10
1903	7

Trois délits seulement pendant l'année de l'Exposition universelle, un unique délit en 1901 ! Que conclure de là, sinon que la loi de 1873 a atteint entièrement le but qui lui était assumé et que la crainte salutaire de peines sévères a amendé de façon incontestable la moralité des débitants, facteurs intéressés de l'ivresse?

Pourtant, si ces chiffres sont indiscutables, comment expliquer la campagne de plus en plus active menée par les médecins mieux à même que quiconque de suivre l'évolution du mal ?

Dans son rapport sur l'année 1900, le ministre de la Justice, après avoir constaté la diminution croissante des poursuites pour ivresse, s'exprime de la façon suivante :

« On ne pourrait que s'en féliciter s'il était avéré que cette réduction correspond à une diminution de cette criminalité spéciale. Mais il est à craindre que cette croissance ne soit qu'apparente et qu'il ne faille l'attribuer à un relâchement de la surveillance ou de la sévérité des agents chargés de l'exécution de la loi. Ce qui est certain, c'est que, depuis vingt ans, la consommation de l'alcool s'est accrue dans la proportion de 25 °/₀ et que le nombre des hectolitres d'absinthe, liqueurs et autres spiritueux soumis à l'impôt, a augmenté des deux tiers ».

Ainsi, s'il y a moins de poursuites pour ivresse publique, ce n'est pas parce que les cas d'ivresse sont moins nombreux qu'avant la mise en vigueur de la loi de 1873, c'est parce que les agents chargés d'en assurer l'exécution ne l'appliquent que par intermittence. La manière de voir du ministre de la Justice a, du reste, été confirmée récemment, de façon également officielle, par M. Clémenceau, ministre de l'Intérieur, qui, dans sa circulaire du 16 mars 1907 (1), rappelle aux préfets que la loi de 1873 ne peut avoir de résultats efficaces que si l'application en est « continue et sans

---

(1) *Bulletin Officiel du Ministère de l'Intérieur*, 1907.

défaillance » et les met en demeure d'inviter « les maires, les commissaires de police, la gendarmerie et les gardes champêtres à en mieux assurer l'exécution. »

Il est d'ailleurs d'autres statistiques qui, mises en parallèles avec celles que nous venons de mentionner, montrent combien peu est appliquée la loi de 1873. Elles nous serviront à faire ressortir quels ont été les résultats de la loi du 17 juillet 1880, loi que nous allons maintenant examiner.

La loi du 17 juillet 1880 n'a aucun caractère moralisateur ; elle est essentiellement politique. Ce fut la contre-partie du décret du 29 décembre 1851, la réponse d'un régime de liberté à un régime dictatorial.

Pris dans une époque de troubles, alors que l'Assemblée nationale venait d'être dissoute, et que la presse avait été rendue absolument impuissante, le décret de 1851 portait atteinte à la liberté du commerce et de l'industrie et à l'inviolabilité de la propriété privée. Il subordonnait l'ouverture de tout débit à l'obtention d'une autorisation qui était méthodiquement refusée à tous ceux que l'on soupçonnait de ne pas partager entièrement les doctrines du Gouvernement napoléonien. Et tous ceux qui étaient convaincus de ne pas prendre en mains la défense des candidatures officielles voyaient fermer leur établissement sans qu'il leur fût possible de réclamer la moindre indemnité.

Aussi, au lendemain même de la proclamation de la République, se posa la question du remplacement de ce décret par un texte plus en rapport avec nos mœurs éprises de liberté. Le 2 décembre 1872, M. Bouchet dépose un premier projet de loi qui n'est pas pris en considération. Deux nouveaux projets présentés, l'un par M. Sansas, le 16 mars 1876, l'autre par M. Mention, le 10 juin de la même année, sont renvoyés à la Commission d'étude qui, après les avoir modifiés, dépose à son tour, le 17 mars 1877, par l'intermédiaire de son rapporteur. M. de Sonnier, un projet qui est devenu finalement la loi actuellement en vigueur du 17 juillet 1880.

Près de dix ans furent donc nécessaires pour obtenir le vote de cette loi, dont la caractéristique est la facilité offerte à chacun d'ouvrir un débit de boissons.

Plus n'est besoin de solliciter une autorisation préalable : il suffit pour pouvoir exercer le commerce de la vente à consommer sur place des boissons, alcooliques ou non, de faire, dans les délais prescrits, une déclaration contenant des indications déterminées, et de remplir certaines conditions de moralité. Il est donc permis de s'étonner que ce régime de très grande liberté ait été cependant dénoncé comme trop rigoureux, par quelques-uns de nos législateurs, notamment par M. Cherpin (1), lequel réclama avec force lors de la discussion de la loi, la suppression des articles 6, 7 et 8 (capacité requise du débitant), sous le prétexte que le projet de la Commission semblait faire de la profession de débitant quelque chose comme une fonction publique, pour laquelle des aptitudes particulières sont demandées. Pour être débitant, proclamait-il, il faut remplir plus de conditions que pour être électeur et même, ajoutait M. Cazeaux, que pour être préfet.

Nous avons essayé de démontrer précédemment les raisons qui font du débitant de boissons un commerçant exceptionnel et nécessitent l'intervention de l'Etat dans la réglementation de cette profession. Nous nous contenterons de constater que la seule restriction apportée au commerce des boissons réside, en dehors de l'article 5 relatif aux mineurs non émancipés et aux interdits, dans le fait d'avoir subi des condamnations pour des délits fort graves et entachant profondément l'honorabilité de la personne.

Il y a cependant lieu de formuler une remarque importante en ce qui concerne l'article 9, sur lequel nous aurons, par la suite, l'occasion de revenir de façon toute spéciale. Aux termes de cet article « les maires pourront, les conseils

(1) Chambre des députés *Journal officiel* du 23 mars 1878.

municipaux entendus, prendre des arrêtés pour déterminer, sans préjudice des droits acquis, les distances auxquelles les cafés et débits de boissons ne pourront être établis autour des édifices consacrés à un culte quelconque, des cimetières, des hospices, des écoles primaires, collèges ou autres établissements d'instruction publique ».

Si le législateur a surtout voulu, par là, ainsi qu'il est dit dans le rapport présenté au Sénat (1) « prévenir dans certains cas particuliers de voisinage tout ce qui pouvait choquer la décence publique, devenir une cause de froissement, de scandale ou de troubles », il n'en est pas moins vrai que les municipalités possèdent, de par cet article, un moyen non négligeable de combattre le fléau alcoolique.

Bien que peu considérables, les restrictions des articles 5, 6, 7 et 9, judicieusement poursuivies, constituaient cependant, dans une certaine mesure, un correctif aux abus que ne pouvait manquer de faire naître la mise en vigueur du nouveau régime des débits de boissons.

Malheureusement, par une anomalie singulière, mais qui ne peut étonner ceux qui connaissent les relations particulières qui existent entre électeurs influents et élus, la loi de 1880 s'est, dans son application, réduite à un article unique : l'article 1.

Dès lors, leur existence n'étant subordonnée à aucune condition limitative, les débits de boissons se multiplièrent avec une rapidité extraordinaire, ainsi qu'il est facile de s'en rendre compte par le tableau ci-après, dans lequel il nous a paru intéressant de faire figurer également les quantités d'alcool fabriquées, celles imposées par la Régie, et la quantité moyenne de la consommation par habitant :

(1) *Journal Officiel* du 15 mai 1880.

ANNÉES	NOMBRE des DÉBITS	QUANTITÉS d'alcool pur fabriquées (hectolitres)	QUANTITÉS d'alcool pur imposées (hectolitres)	CONSOMMATION moyenne par habitant (litres)	OBSERVATIONS
1850	350.424	940.000	585.200	1.46	Les débitants
1855	291.244	702.000	714.813	2.»»	de boissons de
1865	351.048	1.541.000	873.007	2.34	la ville de Paris
1869	364.875	1.411.000	1.008.750	2.63	qui, avant la loi
1872	355.780	1.891.000	755.464	2.09	du 29 décembre
1873	348.599	1.424.000	934.450	2.59	1900, n'étaient
1874	342.980	1.532.000	970.599	2.69	pas assujettis à
1875	342.622	1.849.000	1.019.052	2.82	la licence, ne
1876	346.598	1.709.175	1.000.182	2.71	figuraient pas
1877	343.139	1.308.881	1.029.683	2.79	dans les statis-
1878	350.697	1.417.227	1.100.512	2.98	tiques antérieu-
1879	354.852	1.487.879	1.161.649	3.22	res à l'année
1880	356.863	1.581.068	1.313.829	3.64	1901.
1881	367.823	1.821.287	1.444.055	3.91	
1882	372.587	1.766.566	1.420.344	3.85	
1883	377.514	2.011.016	1.484 020	3.96	
1884	386.855	1.934.464	1.488.685	3.98	
1885	399.145	1.864.514	1.444.342	3.86	
1886	401.021	2.052.250	1.419.901	3.53	
1887	404.832	2.005.635	1.467.630	3.84	
1888	408.751	2.162.483	1.468.446	3.87	
1889	410.069	2.245.963	1.516.827	4.»»	
1890	413.141	2.214.527	1.662.801	4.35	
1891	416.691	2.208.119	1.669.184	4.37	
1892	417.568	2.263.079	1.735.367	4.56	
1893	421.233	2.476.387	1.642.366	4.32	
1894	422.164	2.329.113	1.539.395	4.04	
1895	424.575	2.165.448	1.549.045	4.07	
1896	424.456	2.022.134	1.590.892	4.19	
1897	425.507	2.208.140	1.633.975	4.28	

ANNÉES	NOMBRE des DÉBITS	QUANTITÉS d'alcool pur fabriquées (hectolitres)	QUANTITÉS d'alcool pur imposées (hectolitres)	CONSOMMATION moyenne par habitant (litres)	OBSERVATIONS
1898	431.990	2.412.460	1.799.665	4.70	
1899	435.628	2.599.558	1.754.845	4.59	
1900	435.379	2.656.268	1.782.891	4.66	
1901	464.419	2.437.964	1.346.635	3.52	
1902	464.556	1.886.754	1.258.949	3.26	
1903	461.967	2.047.040	1.368.903	3.54	
1904	468.434	2.257.248	1.514.308	3.84	
1905	473.593	2.608.626	1.381.761	3.55	
1906	477.233	2.709.831	1.378.194	3.56	

Ainsi, durant l'année 1881, c'est-à-dire immédiatement après la mise en vigueur de la loi, 10.960 nouveaux débits furent ouverts ; de 1881 à 1900, le nombre s'en est accru de 78.516 unités. Enfin, depuis 1901, date à partir de laquelle les débits de Paris ont été compris dans les statistiques générales, on peut évaluer à une dizaine de mille les cabarets qui ont encore été créés.

C'est donc environ 90.000 débits que nous a valu, depuis vingt-cinq ans, la loi de 1880, soit 90.000 établissements supplémentaires où se détaillent journellement les boissons alcooliques.

Or, comment s'est comportée la consommation alcoolique, pendant que se développait de façon aussi considérable le nombre des débits ?

Elle a augmenté dans des proportions non moins énormes.

En 1880, en effet, (cf. tableau précédent) les quantités d'alcool pur soumises au droit général de consommation étaient de 1.313.829 hectolitres ; en 1900, elles s'élevaient à

1.782.891 hectolitres, soit une différence en plus de 469.062 hectolitres. Sans doute, ces 469,062 hectolitres n'ont pas été intégralement consommés dans les débits. M. Guillemet, dans son rapport sur le monopole de l'alcool (1) estimait que plus des neuf dixièmes de la totalité des alcools imposés étaient écoulés au débit. Cette proportion nous semble un peu forte ; mais nous croyons pouvoir prétendre sans exagération que la consommation alcoolique du cabaret, dépasse les huit dixièmes de la consommation alcoolique totale. Notre opinion est, du reste, basée sur le tableau ci-après (statistique du ministère des Finances), qui donne, par catégorie de consommateurs, la subdivision des quantités d'alcool imposées pendant les années 1884 et 1900.

Subdivision des quantités d'alcool pur soumises au droit général de consommation par catégorie de consommateurs

	Année 1884	Année 1900
Débitants de boissons en tous lieux (Paris excepté)	1.187.813	1.362.945 hect.
Simples consommateurs en tous lieux (Paris excepté)	152.834 (2)	219.401 (2)
Débitants et simples consommateurs à Paris	148.038	200.545
Total	1.488.685	1.782.891

Il est bon de faire remarquer qu'il n'est question, dans le précédent tableau, que des alcools réellement imposés. Les quantités qui y sont mentionnées ne représentent donc qu'un minimum de consommation, car chacun sait que la

(1) Documents parlementaires. Députés. 1899, n° 1163.

(2) Ce chiffre représente la consommation des simples particuliers qui s'approvisionnent directement en gros. La consommation des simples particuliers qui achètent à la bouteille (vente à emporter) figure dans la consommation faite chez les débitants et il n'est pas possible de la connaître distinctement.

fraude fait entrer des quantités importantes d'alcool au débit, quantités qui, si elles n'apparaissent dans aucune statistique officielle, n'en augmentent pas moins, dans une large mesure, le montant effectif de la consommation alcoolique.

On peut donc affirmer, sans crainte de contradiction, qu'en 1900 les débits de boissons ont fait ruisseler, en consommations de toutes sortes, environ 400.000 hectolitres d'alcool pur de plus qu'en 1880. Et si des causes diverses (surélévation de l'impôt, privilège des bouilleurs de cru, etc...) sont venues vicier, depuis 1900, les données statistiques, de telle sorte que l'on puisse croire à première vue à une diminution dans la consommation des spiritueux, il y a tout lieu de supposer, au contraire, que le flot d'alcool déversé par les débits va sans cesse montant. Nous en trouvons, du reste, la preuve dans l'intensité de jour en jour plus grande prise par le fléau alcoolique.

En même temps, en effet, que se multipliaient les débits de boissons et que la consommation des alcools prenait un essor inconnu jusqu'alors, un troisième phénomène se produisait : le rapide développement de l'alcoolisme.

Mal terrible dont il serait oiseux de rappeler les conséquences redoutables. Il est devenu d'une vérité banale que « l'alcoolique est un admirable bouillon de culture prêt à toutes les contagions et que l'alcoolisme est le véhicule le plus puissant d'un grand nombre de maladies, notamment de la tuberculose, dont il est en quelque sorte la raison déterminante et qui tue en France 140.000 personnes par an (1) ».

« Les données statistiques universelles », disaient en 1905 MM. les docteurs Forel et Legrain, au Congrès de Buda-Pesth, « confirment qu'il existe entre l'alcoolisme et la crimi-

---

(1) Rapport Guerin. Sénat 1904. Annexe au p.-v. de la séance du 29 mars 1904, n° 113.

nalité un lien réel de cause à effet ; les courbes croissantes ou décroissantes de la criminalité sont parallèles à celles de la consommation alcoolique (1) ». Est-il besoin de donner un exemple de cette corrélation ? Nous ne saurions mieux faire que de reproduire celui cité par M. Bergeron, lors d'un discours prononcé, en 1896, à l'Académie de Médecine (2).

C'est un tableau dressé par M. Marambat, greffier en chef de la prison de Sainte-Pélagie ; les chiffres portent sur des détenus condamnés pour délits et crimes, et sur les habitudes alcooliques desquels il a recueilli des renseignements positifs.

	Nombre d'individus	Nombre d'intempérants	Proportion %
Vol, recel, abus de confiance, escroquerie, filouterie d'aliments, soustraction frauduleuse, détournement, faux, chantage, extorsion de signatures	1.898	1.346	70
Coups et blessures volontaires, homicides par imprudence, outrages, rébellions, violences, voies de fait, attaques avec armes, séquestrations	415	366	88.2
Viol, tentative de viol, attentat à la pudeur, attentat aux mœurs, enlèvement de mineurs, excitation de mineurs à la débauche, adultère, avortement, bigamie.	308	165	53.6
Rupture de ban, mendicité, vagabondage.	272	216	79.4

(1) *Annales antialcooliques*, novembre 1905.
(2) *Tempérance*, 1896.

	Nombre d'individus	Nombre d'intempérance	Proportion %
Assassinat, meurtre, tentative de meurtre, tentative de parricide, homicide volontaire	15	8	55.3
Incendie volontaire . . .	14	8	57.1

Et M. Bergeron de conclure : « Je ne sais rien de plus saisissant que ces chiffres. »

La folie alcoolique suit également la marche ascendante de la consommation des spiritueux. D'après le *Journal Officiel* du 3 juillet 1907 (page 4615) il y avait, en 1897, dans les asiles d'aliénés de trente-six départements pour lesquels ces renseignements ont pu être fournis, 2.544 malades chez lesquels l'aliénation mentale avait pour cause exclusive ou adjuvante une intoxication alcoolique. Dans ces mêmes départements il y avait, en 1907, 3.988 alcooliques, soit donc, en dix ans, une augmentation de 57 %.

De même pour les suicides : la proportion de ceux dus à l'alcoolisme qui était de 11 % du nombre total pendant la période de 1885 à 1895, varie entre 13 et 14 % de 1899 à 1904.

D'un autre côté, les statistiques des Conseils de revision témoignent d'un affaiblissement physique général de plus en plus prononcé. L'usure de la race devient telle que le docteur Poirier, au retour de séances de Conseils de revision auxquelles il avait assisté dans plusieurs départements, résumait ainsi ses observations à ce sujet : « J'ai constaté un fait : La France est destinée à mourir par l'alcoolisme » (1).

Après une semblable affirmation il nous semble inutile d'insister davantage sur le développement pris par l'alcoo-

(1) *L'Étoile Bleue*, 1907.

lisme (1). Et nous arrêterions là l'énumération des principales conséquences de la loi de 1880, s'il n'en était une dernière que nous croyons nécessaire de rappeler.

Elle ressort de la lecture d'un rapport de M. Fiaux sur la police des mœurs, rapport paru en 1907, et qui fut présenté devant la Commission du régime des mœurs (2).

Il y avait, à Paris et dans la banlieue de Paris, 235 maisons de tolérance en 1843 ; on n'en trouve plus que 72 en 1888. Cette brusque diminution provient exclusivement, aux dires de M. Fiaux, de la substitution, à ces maisons, d'établissements qui, sous la fallacieuse dénomination de débits de boissons, ne sont que des maisons clandestines de prostitution.

Ainsi, le défaut d'application de la loi du 23 janvier 1873 en a fait, pour ainsi dire, une loi inexistante. Quant à la loi du 17 juillet 1880, elle a eu pour résultats de multiplier le nombre des débits, d'accroître la consommation des spiritueux, de développer l'intensité de l'alcoolisme et de favoriser l'ouverture d'établissements contraires à la morale.

A quoi conclure, dans ces conditions, si ce n'est à la nécessité de mesures suffisamment énergiques pour remédier à l'état de choses actuel, et faire sans retard la part du mal.

———— ❧ ————

(1) En ce qui concerne plus particulièrement les effets de l'alcoolisme dans les départements de la Seine-Inférieure et de l'Eure, voir le discours prononcé le 15 décembre 1907 par M. le Procureur général de Rouen, à la séance de rentrée du Comité de défense et de protection des mineurs traduits en justice de Rouen. (Rouen, imprimerie Girieud, 1907.)

(2) FIAUX. *La Police des Mœurs devant la Commission du Régime des Mœurs*, 1907.

CHAPITRE III

Ouverture des Débits de Boissons : Liberté ou autorisation préalable ?

Est-il bon, sous la réserve de certaines conditions que nous étudierons par la suite et qui ont trait à la personne du débitant, à l'emplacement et à l'hygiène du local, de laisser à chacun la libre faculté d'ouvrir un débit, ou n'est-il pas préférable de subordonner cette faculté à une autorisation, préalablement demandée et obtenue ?

Nous allons, avant de formuler une opinon à ce sujet, examiner successivement ces deux systèmes dont l'un correspond au régime mis en vigueur par la loi du 17 juillet 1880, et l'autre à celui inauguré en France par le décret de 1851.

De prime abord, le système de la loi de 1880 attire les préférences et cela pour deux raisons : parce qu'il répond, autant qu'il est possible de le faire, au principe de la liberté du commerce et de l'industrie, et parce qu'il est extrêmement facile de se conformer à ses prescriptions.

Dans un pays où le principe de liberté est passé au rang d'article de foi, où la moindre restriction est dénoncée immédiatement comme une atteinte grave à son existence, il semble élémentaire que chacun puisse sans contrainte, selon sa capacité et ses penchants, diriger son activité vers la profession de son choix. Que, pour des raisons d'ordre supérieur, il faille remplir certaines conditions considérées comme indispensables et limitativement déterminées, chacun l'admet, mais que l'on exige, en dehors de ces conditions, une autorisation dont le refus mettra obstacle à l'entrée de cette profession, c'est là une conception que l'on proclame ne devoir se rencontrer que sous un régime autocratique. Faire des professions industrielles ou commerciales des professions fermées serait revenir brusquement à l'époque des corporations, des maîtrises ou des jurandes ; celui qui possède toutes les qualités requises pour être débitant de boissons doit pouvoir le devenir si telle est sa volonté.

Sans doute, les partisans d'un régime restrictif reprocheront à ce système de favoriser le développement indéfini du nombre des débits. Mais, comme le faisait remarquer le rapporteur du projet de loi de 1880, M. de Sonnier : « dans l'état actuel des choses, le nombre des cabarets est tel qu'en s'accroissant il ne pourrait plus guère développer l'ivrognerie, les individus qui se livrent à cette passion funeste ayant, dans chaque village, plusieurs débits à leur disposition (1) ». D'ailleurs, ajoutait-il, il n'y a guère à se préoccuper d'une telle éventualité, nous devons nous « fier à l'action des lois économiques pour proportionner le nombre aux besoins réels de la population. »

A cette première qualité, ce système joint, avons-nous dit, celle d'être d'une application extrêmement facile.

Il suffit, en effet, à toute personne désireuse d'ouvrir un débit de boissons à consommer sur place de faire, quinze jours au moins à l'avance, et par écrit, une déclaration indiquant : 1º ses nom, prénoms, lieu de naissance, profession et domicile ; 2º la situation du débit ; 3º à quel titre elle doit gérer le débit, et les nom, prénoms, profession et domicile du propriétaire, s'il y a lieu. Cette déclaration, dont il est immédiatement donné récépissé, doit être déposée, à Paris, à la Préfecture de police, dans les départements, à la Mairie de la commune où le débit doit être établi (art. 2).

S'agit-il d'une mutation dans la personne du propriétaire ou du gérant, du transfert d'un débit d'un lieu dans un

_____

(1) *Journal Officiel*. Annexe 194, à la séance du 8 décembre 1877. Sénat.

autre ? La situation est régularisée également au moyen d'une déclaration faite dans les quinze jours qui suivront la mutation, ou au moins huit jours avant le transfert (art. 3).

Donc, que l'on veuille succéder à un débitant déjà établi, créer un débit ou en changer l'emplacement, une seule obligation est imposée : faire une déclaration que le Préfet de police ou les Maires des communes se chargeront de transmettre au Procureur de la République de l'arrondissement. Cette formalité accomplie, le déclarant qui ne tombe pas sous le coup des articles 5, 6 et 7, n'aura qu'à attendre patiemment l'expiration du délai prescrit par la loi, après quoi il lui sera possible de se livrer à la vente des boissons à consommer sur place, à moins toutefois que ne soit intervenu un arrêté municipal créant une zône de protection autour des édifices consacrés à un culte quelconque, des cimetières, des hospices, des écoles primaires, collèges ou autres établissements d'instruction publique (art. 9).

L'intervention d'un semblable arrêté ne saurait donner lieu à la critique. Il est utile, en effet, de prévenir les causes de troubles et de scandales qui pourraient se produire auprès d'établissements qui, par leur nature, réclament le calme, la tranquillité, le recueillement, la discipline. Au reste, le législateur a pris le soin d'établir, en vue de mettre obstacle aux abus qu'aurait pu susciter une interprétation erronée ou malintentionnée, une liste limitative des établissements à préserver.

Il a même été plus loin encore : dans son désir d'éviter que cette exception ne devienne, entre les mains de magistrats partiaux, une simple mesure de représailles, il s'est préoccupé, d'une part, de sauvegarder les droits acquis, d'autre part, de mettre le Maire dans l'obligation de consulter le Conseil Municipal avant de prendre une décision.

Ce système, dont les données peu compliquées assurent au débitant un maximum de liberté, nous paraît, pour ce motif même, devoir être rejeté.

Nous savons quels ont été les résultats de la loi de 1880. Le législateur, dans la personne de M. de Sonnier, a, comme le faisait remarquer M. Bergeron, dans un rapport au Comité consultatif d'Hygiène de France (1), « oublié et méconnu que supprimer pour l'homme, et en particulier pour l'homme qui peine, l'occasion et la tentation de faiblir est le plus sûr moyen de le préserver de la chute. » Et l'ouverture incessante de nouveaux débits démontre suffisamment combien il faut peu se reposer sur le jeu automatique des lois économiques pour proportionner le nombre de ces établissements aux besoins réels de la population.

Du reste, c'est se faire de l'homme qui fréquente le débit une conception qui ne répond guère à la réalité que de le considérer comme agissant nécessairement sous l'impulsion d'un besoin.

Certains observateurs malicieux ont prétendu que ce qui différenciait l'homme de la bête était son appétence particulière à boire sans avoir soif, pour le seul plaisir d'absorber des liquides. Il n'est pas douteux, en effet, que, de façon générale, celui qui va au débit, y va non pour satisfaire un besoin véritable, mais pour contenter un désir qui, par la force de l'habitude, se transforme bientôt en passion. Si bien que, sous le couvert de la vente des boissons, le débitant poursuit en réalité l'exploitation d'une passion, exploitation qui ne peut laisser le législateur indifférent.

Il est intéressant de constater, d'ailleurs, que deux des projets de loi qui constituent ce que l'on peut appeler la genèse de la loi de 1880, étaient formulés dans un esprit absolument contraire au régime de liberté.

D'après la proposition déposée, le 2 décembre 1872, à l'Assemblée Nationale, par M. E. Bouchet, l'ouverture des débits était subordonnée à une autorisation préalable du Maire, prise après délibération du Conseil municipal et

(1) Assemblée générale du 6 mars 1899. Cf. *Tempérance,* 1899.

dûment approuvée par le Préfet. Quiconque était convaincu d'avoir outrepassé cette obligation, était passible d'une amende de 25 à 500 francs ou d'un emprisonnement de 6 jours à 6 mois. De plus, l'établissement ouvert irrégulièrement pouvait être immédiatement fermé, par décision du tribunal ou même par arrêté municipal. Ce projet, qui donnait aux Conseils municipaux le pouvoir souverain appartenant aux Préfets, ne fut pas pris en considération.

Quant au projet déposé le 10 juin 1876 par M. Mention — et qui, celui-là, fut renvoyé à la Commission — il exigeait une déclaration préalable à la mairie de l'endroit où devait être ouvert l'établissement, avec, à l'appui, le casier judiciaire du postulant et un certificat de l'Administration des Contributions indirectes relatif à l'obtention de la licence nécessaire à la vente des boissons. Cette déclaration était transmise dans les deux jours au Sous-Préfet qui prenait un arrêté d'autorisation.

Un lien non discutable reliait ces deux projets au décret de 1851 avec lequel nous allons examiner le régime de l'autorisation préalable.

Le décret du 29 décembre 1851, intervenu sous de fâcheux auspices, poursuivait dans son application un but exclusivement moralisateur : celui de combattre l'ivrognerie et de mettre un terme à la mauvaise tenue des débits.

C'est du moins ce qui ressort de l'exposé des motifs où il est dit : « Le Président de la République, sur le rapport du Ministre de l'Intérieur, considérant que la multiplicité toujours croissante des cafés, cabarets, ou débits de boissons est une cause de désordre et de démoralisation ; considérant que, dans les campagnes surtout, ces établissements sont devenus en grand nombre des lieux de réunion et d'affiliation pour les Sociétés secrètes et ont favorisé d'une manière déplorable les progrès des mauvaises passions ; considérant qu'il est du devoir du Gouvernement de protéger par des mesures efficaces les mœurs publiques et la sûreté générale, décrète..... » (1)

La procédure à suivre en vue de l'ouverture d'un débit ne présentait, du moins en apparence, aucune difficulté. Toute demande, établie sur feuille de papier timbré et accompagnée d'un extrait de casier judiciaire, devait être adressée au Préfet. Celui-ci la transmettait au Sous-Préfet qui lui-même la communiquait au Maire compétent. Ce dernier donnait son avis sur la moralité du postulant, sur l'utilité ou l'inutilité de la création sollicitée ; le Sous-Préfet formulait à son tour une appréciation sur les mêmes objets, et le Préfet, possédant alors tous les renseignements voulus pour prendre une décision, accordait ou refusait l'autorisation, en s'inspirant des instructions renfermées dans les circulaires ministérielles des 2 janvier 1852, 30 septembre 1854, 12 juin 1855, etc., qui recommandaient de tenir compte de la liberté du commerce et de l'industrie, de la sécurité générale, de la conservation sociale et aussi des intérêts du fisc (2). Prescriptions d'une excellence incontestable et dont l'application rigoureuse eût sans doute produit les meilleurs résultats.

Mais, sous le couvert de mesures salutaires, le Gouvernement de 1851 poursuivait un but complètement étranger à la morale. Connaissant la grande influence du débitant sur ceux qui fréquentent son établissement, il prétendit se servir de ce commerçant pour fortifier le régime nouveau, le faire entrer définitivement dans les mœurs, connaître et surveiller ceux qui lui étaient hostiles.

Et tel était l'intérêt attaché par lui à la délivrance des autorisations, qu'il avait délégué le pouvoir de statuer en la matière, non pas aux Sous-Préfets, dont la compétence fut formellement délimitée par le décret du 13 avril 1861, mais bien à ses seuls représentants directs, aux Préfets.

(1) *Journal Officiel*. Députés. Annexe 846 à la séance du 17 mars 1877. Rapport de M. de Sonnier.

(2) Cf. Guerlin de Guer. *Des Débits de Boissons*. 1881.

Aussi ces magistrats, conscients des services qu'on attendait de leur zèle, cherchèrent-ils à se pénétrer le plus possible de l'esprit qui avait présidé à la confection du décret. Le sachant mesure politique, ils l'appliquèrent comme tel. Les enquêtes, faites simplement pour la forme, devinrent illusoires : peu importait la moralité du demandeur, la valeur des intérêts en jeu. Les plus basses rancunes se donnèrent libre cours, comme aussi s'exercèrent des tolérances sans nom : ce fut le régime du bon plaisir.

Faut-il donc proclamer la faillite du système de l'autorisation préalable ? Tel n'est pas l'avis d'un grand nombre d'hygiénistes et de moralistes qui considèrent, au contraire, ce système comme infiniment supérieur à celui de la libre ouverture des débits.

Quels ont été, en effet, les résultats pratiques du décret de 1851 ? A peine était-il en vigueur, que l'on voit diminuer dans des proportions énormes le nombre des débits. Il en existait 350.424 en 1850, en 1855 nous n'en trouvons plus que 291.244 : 59.180 étaient donc disparus en cinq ans, soit, pendant cette période, une diminution annuelle de 1.200 établissements. Puis le nombre s'en élève progressivement ; il est de 351.048 en 1865 et passe à 364.875 en 1869. Si bien qu'au moment de la chute du régime impérial, nous trouvons 14.451 débits de plus qu'en 1850 soit, pour ces dix-neuf années, une moyenne annuelle de 760 nouveaux débits.

Continuons, jusqu'à son abrogation, l'étude du décret de 1851, dont l'application est désormais poursuivie par le gouvernement de la République. Il y a, en 1873, déduction faite de l'Alsace-Lorraine, 348.599 débits ; il en existe 356,863 en 1880 : soit, en sept ans, une augmentation de 8.264 débits, ce qui donne une moyenne annuelle de 1.180 nouveaux établissements.

Brusquement, sous l'influence de la loi de liberté, 10.960 débits se créent en 1881, 4.744 en 1882, 4.927 en 1883, etc., et la moyenne annuelle des ouvertures nouvelles s'élève, pour la période de 1880 à 1900, à 3.925. Sous le régime actuel, il s'ouvre donc, dans une seule année, autant de débits qu'il s'en ouvrait dans cinq années avant 1870, dans trois années, durant la période de 1873 à 1880.

Or, si l'on admet — et tel est l'avis formel émis à différentes reprises par l'Académie de médecine, mieux à même que quiconque de se prononcer en matière d'alcoolisme (1), — que l'une des causes principales du développement pris par ce fléau, réside dans l'augmentation incessante du nombre des débits, une semblable constatation n'est-elle pas de nature à démontrer la nécessité de revenir au système de l'autorisation préalable ?

Certes, il ne peut être question de rétablir textuellement les dispositions du décret de 1851. Mais rien n'empêche de reprendre, sous une autre forme, le système de l'autorisation préalable, de le modifier, de telle sorte qu'il puisse être adapté, sans difficulté insurmontable, à l'état de nos mœurs actuelles. Et c'est ce but que poursuivaient la proposition de M. Reinach, et celles de MM. Siegfried, Bérenger et plusieurs de leurs collègues.

Le 11 juin 1895, M. J. Reinach déposait à la Chambre des députés l'amendement suivant, au projet de loi concernant la réforme de l'impôt des boissons :

« A partir de la promulgation de la présente loi, nul ne pourra ouvrir un débit comportant la vente de l'alcool ou des spiritueux, sans une autorisation émanée du Préfet et rendue de l'avis d'une Commission départementale ainsi conçue : le Préfet, président ; le Président du Tribunal de première instance siégeant au chef-lieu ; les Directeurs des Contributions directes et indirectes, et quatre Conseillers généraux élus annuellement par le Conseil général ».

D'après cet amendement, une Commission aurait donc été chargée d'accorder les autorisations nécessaires à l'ouverture

(1) Cf. *La Tempérance*, année 1903.

des débits. L'idee de M. Reinach était, sans aucun doute, excellente, mais nous ne pouvons nous empêcher de trouver défectueuse la manière dont il composait sa Commission.

La loi de 1880 nous donne — dans son article 9 — un exemple frappant de ce que l'on peut attendre d'une réunion de membres issus du suffrage communal. Or, de même que les conseils municipaux et les maires n'osent pas prendre de leur propre autorité une mesure de nature à susciter un mouvement d'opinion défavorable à leurs intérêts, de même, on peut être assuré que les conseillers généraux, qui dépendent au même titre des électeurs, ne prendront pas de gaîté de cœur, et sous le seul prétexte de se conformer aux principes d'hygiène et de morale, une décision qu'ils savent devoir mettre en péril leur réélection.

D'un autre côté, si intègre que soit un fonctionnaire, se résignera-t il à briser son avancement, sa carrière, en cherchant à s'opposer à l'adoption d'une solution qui, si elle n'est pas absolument régulière, est cependant préconisée par des raisons d'ordre politique ? Cela est peu vraisemblable. Nous croyons donc que l'amendement de M. Reinach, s'il avait été pris en considération, eût été d'une pratique mauvaise.

La proposition de loi relative à la réglementation des débits de boissons, déposée au Sénat le 27 mars 1899, par MM. Siegfried, Berenger et plusieurs de leurs collègues, donnait, en l'objet qui nous occupe, non moins prise à la critique.

Suivant l'article premier, l'ouverture des débits devait être autorisée à Paris par le Préfet de police, dans les départements par le Préfet, « après avis de la Commission départementale, du Conseil général et du Procureur de la République ».

« Le Préfet », dit M. Siegfried dans l'exposé des motifs de son projet, « n'est plus un agent de lutte, comme aux époques de combat... Son droit cesse absolument d'être politique et ne conserve qu'un caractère de bonne administration et de police ». Et il ajoute : « Avant de se prononcer, le Préfet sera tenu de prendre l'avis de la Commission départementale, du Conseil général et du Procureur de la République. Il y a là une garantie sérieuse d'impartialité » (1).

Il nous semble que l'opinion de M. Siegfried, relativement au rôle du Préfet et de la Commission départementale du Conseil général, est singulièrement optimiste. Si les époques de combat sont disparues, il n'en reste pas moins vrai que les Préfets sont en butte aux sollicitations constantes des gros électeurs et des hommes politiques de toutes sortes. Devant une influence bien établie et dont il y a lieu autant que possible d'éloigner toute cause de mécontentement et de froissement, le Préfet, comme tout autre fonctionnaire, se trouvera dans l'obligation de faire la part des choses.

A supposer même que cette influence ne se fasse pas sentir, il est un fait certain, c'est que le Préfet ne peut prendre une décision s'il ne possède tous les renseignements nécessaires. Or, comme ce magistrat ne peut, évidemment, enquêter lui-même, il doit recourir à des intermédiaires : conseillers généraux ou d'arrondissement, maires, commissaires spéciaux, instituteurs ou tout autre « correspondant de la Préfecture », c'est-à-dire des élus, des fonctionnaires, des agents électoraux soigneusement choisis. Comment, dans ces conditions, le droit du Préfet pourra-t-il cesser d'être politique et ne conserver qu'un caractère de bonne administration et de police ?

Quant à l'intervention de la Commission départementale du Conseil général, elle ne nous semble pas non plus fort désirable. La garantie sérieuse d'impartialité dont parle M. Siegfried est tout au moins hypothétique. Nous n'en voulons pour preuve que ce qui se passe actuellement dans les Conseils ou Commissions qui fonctionnent dans les

(1) *Documents parlementaires*. Sénat, 1899, p. 127.

départements et où chacun des membres issus du suffrage universel a une faveur spéciale à demander pour l'un de ses protégés. A moins toutefois que l'impartialité ne réside justement dans un échange amiable de faveurs sensiblement identiques.

Du reste, l'avis donné revenait à l'émission d'un vœu, d'un simple conseil que le Préfet était libre de suivre ou de rejeter. Nous ne doutons pas que, dans la majorité des cas, il eût été corroboré par la décision préfectorale, mais il suffisait que l'inverse pût se produire pour qu'il y eût là une éventualité à éviter.

Il n'y aurait donc pas lieu de nous arrêter plus longtemps à cette proposition, si nous ne trouvions, au troisième paragraphe de l'article premier, une innovation qui est également une restriction apportée à l'autorisation préalable. L'autorisation, y est-il dit, « sera subordonnée jusqu'à ce que le nombre des établissements ait été réduit au chiffre fixé par l'article 2 (1 par 300 habitants), à la condition de racheter un ou plusieurs débits existant à titre permanent à Paris, dans l'arrondissement, et ailleurs dans le canton ». M. Siegfried poursuivait donc un double but : non content d'arrêter l'envahissement des débits, il désirait qu'il ne puisse plus en être ouvert de nouveaux à l'avenir, tant que le nombre des anciens serait supérieur à 1 par 300 habitants. Nous reviendrons sur cette disposition lorsque nous traiterons la question de la limitation proprement dite des débits ; l'examen de l'article premier de la nouvelle proposition de loi déposée au Sénat le 29 mars 1904, par M. Bérenger, trouvera également sa place dans ce chapitre.

Les diverses propositions faites pour rétablir en France le système de l'autorisation préalable ne nous donnant pas satisfaction, il nous reste à rechercher s'il n'existe pas, à l'étranger, de mode d'application véritablement pratique de ce système. Toutefois, comme il est en vigueur dans la grande majorité des États européens (Allemagne, Angleterre,

Autriche, Danemark, Italie, Norwège, Portugal, Suède, Suisse, etc.) et dans certains États américains, on comprendra que nous nous contentions de faire brièvement ressortir les caractéristiques présentées à ce sujet par les législations les plus importantes.

En Allemagne (1), l'autorisation nécessaire à l'ouverture d'un débit dépend de l'autorité administrative. Remarquons simplement que la décision du fonctionnaire politique local portant refus de l'autorisation demandée, peut être attaquée devant les tribunaux administratifs compétents, et en appel devant le Ministre d'État. Il est statué sur ces recours en séance publique, et après que le réclamant a formulé ses observations.

En Italie (loi du 20 mars 1865, modifiée le 6 juillet 1871) (1) c'est le Sous-Préfet qui délivre l'autorisation sur les renseignements qui lui sont fournis par le syndic de la commune, après avis de la junte municipale. Elle ne peut être refusée que pour des considérations de sécurité ou de moralité publique ; un recours est ouvert contre ces décisions par la voie hiérarchique et jusqu'auprès du Ministre de l'Intérieur.

Ces deux modes d'application du système de l'autorisation préalable ne nous semblent pas, pour des raisons précédemment indiquées, pouvoir être acceptés.

En Angleterre (2) ce sont les juges de paix qui ont le pouvoir de délivrer les licences sans lesquelles il n'est pas permis d'exercer la profession de débitant. Est-il possible de faire jouer le même rôle à nos juges de paix ? Nous ne le croyons pas.

En effet, en Angleterre, ces magistrats, choisis parmi les notables, les riches propriétaires, les gros industriels ou commerçants, sont nommés sur la proposition du lord

---

(1) METMAN. *Étude sur les Législations européennes relatives aux boissons alcooliques.*

(2) DE CASABIANCA. *Législation du Royaume Uni sur la Réglementation des débits de boissons. (Tempérance, 1900.)*

lieutenant de chaque comté et parfois même directement par le lord chancelier. Ils ne reçoivent pas d'appointement et ne connaissent que d'infractions sans importance. Possesseurs jadis d'un pouvoir des plus étendus dans l'administration locale, il se sont vu peu à peu enlever leurs principales prérogatives au profit de corps soumis à l'élection populaire et leur compétence en matière de délivrance des licences doit être considérée comme tout à fait exceptionnelle (1).

Or, si l'on en croit un rapport établi au nom d'une Commission extra-parlementaire anglaise constituée en 1899 dans le but de rechercher les modifications à apporter à la législation des débits de boissons, les juges de paix sont dans l'exercice de leurs fonctions bien plus des patrons que des juges :

« L'octroi d'une licence est considérée comme un acte de simple patronage... Les actes concernant les juges de paix, la façon dont ils appliquent les lois défient presque toute croyance. Sollicités, circonvenus, ces magistrats n'ont pas en vue le bon fonctionnement de la loi, des préoccupations d'un autre ordre les guident dans leurs décisions ». Et M. de Casabianca, qui cite ces extraits, ajoute : « Ces accusations portent surtout contre les juges de paix d'Irlande, mais il semble que ce même esprit règne partout. » ·

Il ne peut donc être question de nous approprier ce mode d'application du système d'autorisation. Du reste, nos juges de paix sont des fonctionnaires amovibles et, qui plus est, des fonctionnaires nommés presqu'exclusivement par l'intermédiaire d'influences politiques. Double raison pour qu'un pouvoir aussi important ne leur soit pas concédé.

---

(1) Elle revenait normalement aux corps élus des comtés. Mais, en 1888, cette prérogative ayant été subordonnée à la condition que les débitants, dont l'autorisation serait refusée ou retirée pour tout autre motif que leur propre faute, seraient désormais indemnisés sur les fonds locaux, et les comtés n'ayant pas souscrit à cette condition, les juges de paix conservèrent, comme par le passé leur compétence en la matière.

Aux États-Unis, certains des États confédérés, si l'on en croit M. Dupré de la Tour (Conférence faite au Musée social, à Paris, en 1903) (1), donnent à des Commissions spéciales le droit d'accorder ou de rejeter après enquêtes les demandes de licence et aussi celui d'accepter et de refuser les personnes qui sont présentées par les débitants comme leurs successeurs éventuels. En Pensylvanie, par exemple, ces Commissions sont composées des juges ordinaires de la ville ou du comté, magistrats que l'on considère, en raison de la longue durée de leur mandat électif, comme donnant moins de prise que quiconque aux compromissions des partis. A Philadelphie, une Commission, ainsi composée, siège tous les ans. Et telle est la crainte inspirée par cette Commission que, suivant M. de la Tour, lorsque « le mécanisme de la loi fonctionne bien, on voit, à la grande édification de tous, le cabaretier fermer sa porte aux mineurs et aux ivrognes, et rapatrier ou même hospitaliser chez lui, et quelquefois coucher dans son propre lit, les buveurs qui se sont enivrés à son comptoir ».

Il serait évidemment désirable que nous possédions, à l'instar de l'Etat de Pensylvanie, des commissions suffisamment indépendantes et suffisamment puissantes pour pouvoir mettre un terme à l'envahissement des cabarets. Mais n'est-ce pas chez nous chose irréalisable ? Avec quels éléments pourrait-on composer des commissions semblables, si l'on en écarte de prime abord les élus du suffrage populaire comme trop enclins à soutenir les intérêts de leurs partisans, les fonctionnaires comme trop dépendants des influences politiques ?

La difficulté ne nous semble cependant pas insoluble. Il n'est pas impossible de trouver encore des personnes possédant leur complète liberté d'action, et, d'un autre côté, il existe une certaine catégorie de fonctionnaires qui, de par

____

(1) *Tempérance*, 1903.

leur position, n'ont plus rien à redouter de la politique ou qui, constamment en rapport avec les classes laborieuses et préoccupés exclusivement des intérêts sociaux, n'en ressentent les atteintes que dans une faible mesure.

Nous avons déjà, du reste, des commissions dont les membres remplissent en grande partie ces conditions, ce sont les conseils départementaux d'hygiène, créés par la loi du 15 février 1902, relative à la protection de la santé publique. Ces conseils comprennent nécessairement deux conseillers généraux élus par leurs collègues, trois médecins dont un de l'armée de terre ou de mer, un pharmacien, l'Ingénieur en chef du département, un architecte, un vétérinaire.

Si le pouvoir nous était donné de composer ces commissions, nous le ferions de la façon suivante :

En première ligne, nous ferions appel aux médecins et aux architectes dont la compétence, relativement à ce qui touche à l'hygiène, la salubrité, l'habitabilité des locaux des débits est évidente. L'Inspecteur départemental du travail nous semblerait également un membre tout indiqué : sa connaissance approfondie de l'ouvrier et de ses habitudes, serait d'un précieux secours pour la Commission. De même, l'Inspecteur des Enfants assistés, obligé de descendre dans les bas fonds de la misère et du vice, et aussi l'Inspecteur d'Académie. Si ce dernier a des rapports nombreux avec les politiciens en ce qui concerne les nominations et les mutations d'instituteurs, ces rapports n'ont aucune raison d'être en la matière qui nous occupe. Chargé de veiller à ce que les élèves des écoles, des collèges, des lycées, reçoivent une solide instruction antialcoolique, il pourrait plus spécialement s'opposer à toute ouverture des débits à proximité des établissements d'instruction publique.

A côté de ces diverses personnalités, nous jugerions nécessaire de placer des représentants du commerce et de l'industrie susceptible de prendre la défense des intérêts professionnels et d'empêcher les abus que pourrait faire naître une sévérité mal comprise : le président et le vice-président de la Chambre de commerce pourraient être ces représentants. Enfin, la commission pourrait être complétée par l'adjonction d'un avocat, le bâtonnier de l'ordre, par exemple, lequel apporterait à la Commission l'appoint de son expérience et de ses conseils.

Notre commission pourrait donc être ainsi composée : le Préfet, président de droit, deux médecins civils du chef-lieu nommés par leurs collègues, un médecin militaire du chef-lieu désigné par le chef de corps d'armée, deux architectes du chef-lieu désignés par leurs collègues, l'Inspecteur départemental du Travail, l'Inspecteurs des Enfants assistés, l'Inspecteur d'Académie, le président et le vice-président de la Chambre de Commerce, le bâtonnier de l'ordre des avocats ou, à son défaut, un avocat choisi par le Conseil de l'ordre : soit au total douze membres.

Ajoutons que cette Commission, qui siègerait évidemment au chef-lieu du département, aurait la faculté de recourir, comme les Conseils d'hygiène, à toutes les mesures d'instructions qu'elle jugerait utiles, que ses décisions, prises à la majorité des membres, seraient immédiatement exécutoires et ne donneraient lieu à aucun recours si ce n'est pour excès de pouvoir.

Nous avons la ferme conviction qu'une pareille Commission, indépendante et forte, totalement étrangère aux querelles locales, aux dissentiments politiques, soucieuse simplement d'exercer avec équité et au mieux des intérêts sociaux les droits que lui conférerait la loi, pourrait fonctionner sans difficulté et pour le plus grand bien de la cause antialcoolique.

CHAPITRE IV

Conditions à exiger du Débitant

Toute demande d'ouverture de débit de boissons soulève en premier lieu la question suivante : le requérant remplit-il toutes les conditions de capacité exigées pour exercer la profession de débitant ? Il y a donc lieu de rechercher tout d'abord quelles doivent être ces conditions.

Ne peuvent être actuellement débitants ceux qui tombent sous le coup des articles 5 et 6 de la loi du 17 juillet 1880.

D'après l'article 5 « les mineurs non émancipés et les interdits ne peuvent exercer la profession de débitant de boissons ». La restriction apportée par cet article se justifie d'elle-même. Mais étant donné que l'article 2 du Code de commerce, les articles 489 et suivants du Code civil interdisent d'une façon générale tout acte de commerce aux mineurs et aux interdits, on peut se demander à qu'elle utilité répond cet article 5. Nous partageons à ce sujet l'avis du rapporteur de la loi de 1880 (Cf. *Officiel* du 23 mars 1878) : un sentiment de convenance sur lequel il est inutile d'insister, nécessitait la présence d'un semblable article dans une loi relative à la réglementation des débits.

D'après l'article 6 : « Ne peuvent non plus exploiter des débits de boissons à consommer sur place : 1° Tous les individus condamnés pour crimes de droit commun ; 2° ceux qui auront été condamnés à un emprisonnement d'un mois au moins pour vol, recel, escroquerie, filouterie, abus de confiance, recel de malfaiteurs, outrage public à la pudeur, excitation de mineurs à la débauche, tenue d'une maison de jeu, vente de marchandises falsifiées et nuisibles à la santé, conformément aux articles 379, 401, 405, 406, 407, 408, 248, 330, 334, 410 du Code pénal, et à l'article 2 de la loi du 27 mars 1851 ».

Cet article a donné lieu, lors de la discussion du projet de loi, à de longs développements sur les raisons qui motivent l'intervention de l'Etat en matière de débits de boissons. Désireux de restreindre le plus possible les causes d'inca-pacité, le législateur s'est borné à interdire l'exercice de la profession de débitant aux individus condamnés pour crimes ou délits fort graves.

Il nous semble qu'il eût été préférable d'admettre de façon générale que tous ceux qui ne jouiraient pas de leurs droits civils et politiques ne sauraient être débitants. Qui-conque, en effet, n'est plus en possession de ses droits civils et politiques est un indigne. Or, le débit, dans sa tenue comme dans sa clientèle, est exclusivement subordonné à la personne du patron. Il est donc permis de supposer que si ce patron est un homme taré, ceux qui fréquenteront son établissement seront eux-mêmes des individus d'une moralité et d'une honorabilité douteuses; l'ordre et la sécurité publics auront tout à craindre de l'existence de semblables établis-sements.

Cette disposition eût eu notamment pour effet de rendre incapables d'exercer la profession de débitant tous ceux auxquels les tribunaux jugeant correctionnellement, auraient interdit le droit de vote et d'élection par application des lois qui autorisent cette interdiction ; ceux condamnés pour certaines fraudes électorales ; les faillis, ne remplissant pas les conditions prévues par les articles 1 et 2 de la loi du 23 mars 1908, etc....

D'un autre côté, l'énumération de l'article 6-2° nous appa-raît comme trop limitative. Tout en étant d'accord avec le législateur de 1880 sur ce point qu'il ne faut pas multiplier à l'excès les causes d'incapacité, nous pensons qu'il est certaines condamnations qui, en raison même du fait qui les a motivées, doivent entraîner la prohibition de tenir un débit. Nous voulons parler des condamnations pour récidive de rebellion, de coups et blessures (art. 309 et suivants du Code pénal) et d'ivresse publique (art. 2 et 3 de la loi du 23 janvier 1873).

L'individu qui, à différentes reprises, s'est livré à des voies de fait, ou a été arrêté en état manifeste d'ivresse, ne présente évidemment pas les qualités de caractère suffisantes pour maintenir l'ordre et la bonne tenue dans l'intérieur d'un débit ; lui confier ce rôle c'est vouloir de propos délibéré, transformer le débit en lieu de troubles et de scandales. Il est bon d'ajouter que le projet de loi déposé le 3 février 1905 par M. Bérenger, projet qui a été adopté en première lecture au Sénat dans sa séance du 5 décembre 1907, prévoit, dans son article 7, les deux hypothèses que nous venons de signaler ; son adoption définitive comblerait donc une lacune sérieuse de la loi de 1880.

Par contre, nous approuvons sans réserve les dispositions de l'article 6 qui subordonnent l'incapacité à des condamnations relativement fortes (un mois d'emprisonnement) et établissent en vue de son extinction une prescription spéciale (cinq ans). On ne peut en effet, sans raison grave, interdire l'entrée de la profession de débitant à celui qui en fait la demande ; mais il y a évidence certaine que l'individu qui a subi un emprisonnement d'une durée minima d'un mois est une personne sujette à caution et dont l'exclusion s'impose. Mais il serait exagéré, nous dirons même immoral, d'enlever au condamné qui a subi un emprisonnement d'un mois pour délit, tout espoir d'effacer sa faute. Celui dont la conduite, durant cinq années consécutives après l'expiration de sa peine, a été exempt de reproche sérieux, doit être considéré comme s'étant pleinement réhabilité. Et comme tel il doit pouvoir prétendre, aussi bien que ceux dont le casier judiciaire est vierge, à devenir débitant.

Le législateur agirait sagement, croyons-nous, en créant à côté de l'incapacité judiciaire, dont nous venons de parler, une incapacité spéciale : l'incapacité pour immoralité notoire.

Ainsi que le faisait remarquer M. Metman, dans son *Étude sur les Législations étrangères, relatives aux débits de boissons alcooliques*, il existe, en dehors des délits et des contraventions, des vices qui, pour ne pas tomber sous l'atteinte de la loi, n'en constituent pas moins des dangers réels. N'y a-t-il pas lieu de s'étonner à bon droit, que l'homme dont l'inconduite est notoire, que la femme réputée par sa débauche scandaleuse puissent librement ouvrir un débit, et que les magistrats chargés de faire respecter le bon ordre et la moralité soient, en pareille occurrence, laissés dans l'impuissance absolue ? L'arrêt rendu le 6 février 1847, par la Cour de cassation (1), et qui dut consacrer, au nom de la liberté de l'industrie, et malgré les efforts du maire de Grenoble, le droit pour une femme de mauvaise vie d'ouvrir un débit est toujours d'actualité, nulle restriction n'ayant été édictée à ce sujet, par la loi de 1880.

On a prétendu qu'établir une pareille incapacité serait faire renaître une ère d'arbitraire et de bon plaisir. Car, à l'encontre de l'incapacité judiciaire, laquelle résulte exclusivement d'un jugement et ne peut intervenir que dans des limites déterminées par la loi, l'incapacité pour immoralité ne serait subordonnée à aucune règle fixe et dépendrait uniquement de la seule appréciation des personnes chargées de la prononcer.

Peut-être, en effet, cette éventualité pourrait-elle se présenter au cas où le pouvoir de prononcer l'incapacité pour immoralité serait donné à des personnes remplissant des fonctions électives, les magistrats municipaux par exemple ; mais il en va autrement si on le délègue à une Commission

(1) Cf Metman, op. cit.

composée d'éléments aussi indépendants que celle chargée
d'examiner les demandes d'ouverture de débits. Il s'agirait,
au surplus, d'immoralité notoire, c'est-à-dire manifestement
connue, et au sujet de laquelle aucun doute ne pourrait être
élevé. Basée sur des faits indiscutables, la décision de la
Commission ne pourrait être taxée d'arbitraire, et la crainte
d'abus possibles nous semble en conséquence tout à fait
illusoire.

Enfin, une capacité d'un autre genre et que nous appelle-
rons la capacité pécuniaire pourrait être utilement exigée
des personnes désireuses d'exercer le commerce de la vente
des boissons à consommer sur place.

Sans aller, comme certains hygiénistes (1), jusqu'à exiger
un cautionnement qui serait versé en dépôt dans les caisses
de l'État, nous voudrions que tout requérant fournisse la
preuve qu'il possède par lui-même, ou par l'intermédiaire
de cautions solvables, des ressources suffisantes pour assurer
convenablement la tenue de son établissement. A ce point
de vue, une disposition se rapprochant de celle édictée par
l'article 14 de la loi, en vigueur dans le canton de Berne,
du 4 juin 1852 (2), et d'après laquelle le débitant doit avoir
une fortune représentant au moins quatre fois la valeur de
la patente annuelle, nous semblerait excellente, à condition
de faire entrer en ligne de compte, pour le calcul de cette
fortune, non seulement le montant de la patente mais encore
le montant du loyer du débit et celui de l'habitation person-
nelle du débitant.

Nous demanderions en outre, à l'instar des articles 45 à 47
de la loi anglaise de 1872 (Licensinz Act) complétée en
1874 (3), qu'il soit vérifié par la Commission si l'établissement
dont la création est sollicitée est susceptible de produire un

(1) *Normandie Médicale* du 15 novembre 1904.

(2) Metman. Op. cit.

(3) G. Vidal. *Enquête sur l'alcoolisme. Bulletin de la Société générale des
Prisons*, Décembre 1896.

revenu minimum déterminé par la loi suivant l'importance des localités. Ainsi serait rendue impossible l'ouverture de ces débits louches où se cachent le vice et la fraude, et dont les tenanciers sont obligés de rechercher, dans l'annexion d'industries condamnables, le profit qu'ils ne peuvent obtenir de l'exercice normal de leur profession.

Une dernière question reste à résoudre. On peut en effet se demander s'il n'existe pas des circonstances particulières de nature à mettre obstacle à ce qu'une personne, ne tombant sous le coup d'aucune des incapacités que nous venons d'examiner, puisse, tout au moins temporairement, tenir un débit de boissons. En d'autres termes la profession de débitant ne peut-elle pas être rendue incompatible avec certaines fonctions administratives ou électives ?

Des incompatibilités de ce genre existent, notamment en Hollande et en Angleterre, et récemment, le 3 janvier 1904, le peuple thurgovien proclamait pour la troisième fois, par 11.000 voix contre 6.000, la nécessité de rendre incompatibles le métier d'aubergiste et les fonctions de notaires, juges de paix, secrétaires communaux, etc., fonctions qui, en Suisse, sont électives (1).

S'il ne peut être question, en France, des notaires et des juges de paix, du moins nous partageons entièrement l'avis de M. Lavialle qui, dans un mémoire intitulé : *Un moyen pratique de combattre l'alcoolisme*, mémoire qui fut couronné par l'Académie des sciences, inscriptions et belles lettres de Toulouse (2), proposait de demander aux Chambres, de voter un projet de loi interdisant les fonctions de maire, d'adjoint, de délégué cantonal des écoles primaires, de membres de toute Commission scolaire, aux débitants de boissons.

Les maires, en effet, et en leur absence les adjoints, ont à assumer des charges particulièrement délicates. C'est à eux

(1) *Annales antialcooliques,* 1904.
(2) Cf. *La Tempérance,* 1899.

qu'il incombe de faire assurer le maintien de l'ordre et de la sécurité publics, qu'il appartient notamment de faire surveiller les débits de boissons, de faire appliquer les arrêtés réglementaires pris par le Préfet, voire même d'en prendre. C'est aussi aux maires qu'échoit le devoir d'attirer l'attention des Conseils municipaux sur la nécessité d'établir des zones de protection autour de certains établissements. Or, n'est-il pas à craindre que si ces fonctions sont remplies par un débitant, celui-ci ne soit que peu enclin à poursuivre de ses rigueurs les débitants, ses confrères, et que les agents placés sous ses ordres et chargés de réprimer les infractions aux lois et aux règlements concernant les débits, ne les répriment que mollement ?

D'un autre côté, il nous semble que l'incompatibilité entre le métier de débitant et les fonctions de délégué cantonal ou de membre d'une Commission scolaire se justifie d'elle-même : il est évidemment inutile de développer devant les enfants des théories antialcooliques, si on leur apprend en même temps qu'ils doivent le respect à ceux qui font profession de vendre de l'alcool.

Il est actuellement interdit aux fonctionnaires d'exercer un commerce quelconque, sans obtenir au préalable une autorisation spéciale de l'Administration, dont ils dépendent (1). Il nous paraît donc inutile d'insister sur ce dernier point.

Ajoutons, à titre de curiosité, que d'après l'article 5 de l'arrêté, pris le 11 mai 1907 par M. Augagneur, gouverneur de Madagascar, les indigènes malgaches ne peuvent, en aucun cas, être titulaires ni gérants de débits de boissons (2).

______

(1) Cf. Lettre-circulaire du Ministre des Finances, en date du 20 avril 1897. (Lettres communes de l'Administration des Contributions indirectes, année 1897).

(2) Cf. *Etoile Bleue*, juillet 1907.

CHAPITRE V

Conditions à exiger du local

Il est curieux de constater qu'il n'existe pas, dans notre législation, de texte relatif aux conditions à exiger du local où se détaillent les boissons, et que les débits, lieux de réunion destinés à recevoir un nombre souvent élevé de consommateurs, ne sont, de façon générale, soumis à aucune mesure particulière de salubrité ou d'hygiène. Nous nous proposons, en conséquence, de déterminer dans le présent chapitre quelles sont les prescriptions qui pourraient être édictées en vue de combler cette grave lacune.

Une brève incursion dans les principales législations étrangères va nous montrer que la question qui nous préoccupe a été prévue et solutionnée de façon sensiblement identique à peu près partout (1).

La loi impériale allemande du 21 juin 1869, modifiée par la loi du 1er juillet 1883, concernant l'industrie (Gewerbeordnung) décide, paragraphe 33, que la permission nécessaire pour débiter au détail des liqueurs ou de l'alcool ne peut être refusée : que si « 2° le local destiné à l'industrie ne satisfait pas aux exigences de la police sous le rapport de son aménagement ou de sa situation. »

En Angleterre, d'après le Licensing Act de 1872, le local doit être convenable. — Dans le canton de Berne (loi du 4 juin 1852, article 42) le Préfet peut fixer réglementairement, sauf ratification du Conseil exécutif, les conditions

(1) G. VIDAL. *Enquête sur l'Alcoolisme*, op. cit.

matérielles auxquelles doivent satisfaire les locaux dans lesquels sont établis les débits.

En Suède (ordonnance du 24 mai 1895) les lieux de vente doivent être situés sur les rues, routes ou marchés ; les locaux doivent être bien éclairés et aérés, et on ne doit commencer la vente des boissons que si ces locaux, qui font l'objet d'une inspection officielle, ont été jugés satisfaisants.

Enfin en Norvège, en Russie et surtout aux États-Unis, le local doit également remplir des conditions fort diverses.

A notre avis, les conditions à exiger du local des débits devraient être de deux sortes : celles relatives à l'hygiène et à la salubrité ; celles ayant pour objet plus particulier de permettre à la police d'exercer facilement sa surveillance dans l'intérieur de l'établissement.

Si les cafés proprement dits, ceux que l'on dénomme quelquefois « les grands cafés » offrent aux consommateurs des salles vastes, bien éclairées, munies de systèmes d'aéra-tion pratiques, il est loin d'en être de même pour les simples débits. Et, chose peu compréhensible, ce sont en général les débits des villes qui laissent le plus à désirer à ce sujet.

Puisque nous sommes en Normandie nous prendrons comme exemple la ville de Caen.

Les débits y pullulent, certaines rues en comptent pres-que autant que de maisons. La concurrence étant dès lors considérable il semble, qu'en bons commerçants, les débi-tants aient dû chercher à attirer la clientèle par une organi-sation soignée de leurs établissements.

Or voici ce qui existe réellement. La plupart des débitants joignent à la vente des boissons un commerce annexe : légumes, primeurs, charbons, coquetage, etc... Comme ils n'ont le plus souvent qu'une seule pièce au rez-de-chaussée, ils la divisent au moyen d'une cloison en planches de deux mètres de hauteur environ, en deux compartiments sensi-blement égaux. Celui donnant immédiatement sur la rue est, en raison de la devanture, réservé au commerce annexe, et c'est dans le second, qui presque toujours ne possède d'autre ouverture qu'une porte latérale ouvrant sur un couloir, et dont l'exiguité permet à peine l'installation de quelques tables de marbre, que sont reçus les consommateurs. Il y règne une demi-obscurité et le gaz y reste allumé aussi bien le jour que la nuit. Il est inutile d'insister sur l'insalubrité de pareils locaux où des relents d'alcool et de tabacs subsistent en permanence : encore ne parlons-nous pas de la proximité parfois honteuse des lieux d'aisances.

Les établissements où le tenancier se livre exclusivement à la vente des boissons ne sont souvent pas mieux partagés. L'unique salle du rez-de-chaussée, divisée d'une façon identique, sert, le côté rue, de débit, l'autre côté de cuisine et de salle à manger pour le débitant. Pour certains débits même il n'existe pas de séparation et la même pièce remplit à la fois ces trois usages.

Et que l'on ne nous taxe pas d'exagération. Nous pourrions citer dans les principales rues de Caen, les rues Saint-Pierre et Saint-Jean, c'est-à-dire au centre de la ville, des débits qui ont été installés dans de simples couloirs et qui n'ont d'autre débouché que la porte d'entrée et l'escalier menant aux chambres des tenanciers. Nous nous sommes souvent demandé pourquoi la fréquentation de semblables taudis n'était pas interdite au public.

Ce que nous venons de dire de la majorité des débits de Caen s'applique à la plupart des débits des autres villes de Normandie; et l'on peut ajouter que, de façon générale, les débits de toutes les villes présentent, au point de vue de l'hygiène et de la salubrité, les mêmes défectuosités.

Quant aux débits des campagnes, les règles les plus élémentaires d'hygiène y sont également fort peu connues. Il nous a été donné de voir souvent, notamment en Bretagne, la salle de vente servir à la fois de cuisine, de salle à manger et de chambre à coucher. Il n'est pas rare non plus de se trouver en compagnie de poules, de canards ou d'autres animaux domestiques plus encombrants encore. Mais du moins, et cet avantage compense de nombreux inconvénients, l'air et la lumière n'y font pas défaut.

Les mesures que nous allons proposer ci-après, dans le but de remédier à ce déplorable état de choses, concerneront donc plus particulièrement les débits situés dans les agglomérations.

A notre avis, toute demande d'ouverture d'un débit devrait, ainsi que le proposait M. Lejeune (1), Ministre de la Justice, au Sénat belge, dans le courant de l'année 1898, indiquer la situation et la distribution intérieure de l'immeuble, et être accompagnée d'un plan à l'échelle, en double expédition, des installations destinées à recevoir les consommateurs.

Il ne serait pas inutile d'indiquer approximativement sur le plan l'agencement intérieur du local, la place des tables avec leur longueur et leur largeur, et la distance qui les séparera les unes des autres ; un débit, une fois ouvert, ne subit, en ce qui concerne l'emplacement du matériel, que des changements peu importants. De cette façon, les architectes, membres de la Commission d'autorisation, auraient vite fait de se rendre compte, sans qu'il leur soit nécessaire d'aller sur le terrain, si les dimensions du local sont suffisantes, si l'aération est convenable, enfin si le nombre et l'arrangement des fenêtres procurent un éclairage satisfaisant. Le plan ne devrait pas omettre, détail que l'on trouvera peut-être minutieux, mais que nous considérons comme ayant une importance réelle, de mentionner la situation des lieux d'aisances destinés au public, lesquels

---

(1) Cf. *Journal des Contributions Indirectes*, 21 février 1900. D'après l'article 15 du projet de loi déposé à la Chambre belge, le 29 février 1908, (*Journal des Contributions Indirectes*, du 20 avril 1908), tout nouveau débit devra, à l'avenir, réunir dans l'intérêt de la salubrité et de la moralité publique, notamment en ce qui concerne la situation, la superficie, l'élévation, l'aération, l'éclairage, la distribution intérieure et la cour, des conditions spéciales qui seront fixées par arrêté royal.

devraient être disposés de façon à respecter à la fois l'hygiène et la pudeur.

Les membres de la Commission ne pouvant être astreints à visiter chacun des locaux destinés à l'installation de débits, nous voudrions que ce plan — dont la production serait également exigée au cas de transfert ou de transformation du local — soit visé pour conformité par l'autorité policière de l'endroit — commissaire de police ou garde-champêtre — tenue d'en vérifier la véracité.

D'un autre côté, le local devrait être situé et agencé de façon à permettre une facile surveillance de la part de la police Dans ce but, nous proposerions d'édicter obligatoirement que les débits ne puissent être installés qu'aux rez-de-chaussée des immeubles (ce qui mettrait obstacle à l'existence de ces débits qui fonctionnent aux premiers étages ou à des étages supérieurs et qui ne sont autres, la plupart du temps, que des lieux clandestins de débauche, de jeu et de paris), qu'ils aient leur façade et leur entrée sur rue ou sur place, que les entrées détournées soient formellement interdites, enfin que les locaux du débit ne puissent communiquer avec les appartements du débitant et qu'ils ne puissent renfermer que le seul mobilier nécessaire à l'exploitation du commerce des boissons.

Il ne serait pas inutile de décider, ainsi que cela se pratique dans certains états américains (1), qu'il ne pourra être toléré aux portes et aux fenêtres des débits, des écrans, des verres dépolis ou toute autre disposition de nature à empêcher de voir de l'extérieur ce qui se passe à l'intérieur. La morale et le bon ordre auraient tout à gagner à ce que les consommateurs soient constamment en butte à la curiosité indiscrète du public.

Les Municipalités possèdent bien, il est vrai, en vertu de

---

(1) J. KOREN. *Le Régime de l'Alcool aux États-Unis. Revue Politique et Parlementaire*, Juin 1898.

l'article 97-3° de la loi du 5 avril 1884, le pouvoir de prendre des décisions de ce genre ; nous ne sachons pas qu'elles en aient jamais usé.

◆

CHAPITRE VI

Réglementation du nombre des Débits

(Mesures propres à restreindre ce nombre)

Nous venons d'examiner les conditions qui nous semblent devoir présider à l'ouverture des débits de boissons. Qu'elles s'adressent à la personne du débitant ou à la situation et à la disposition du local, leur but est essentiellement moralisateur, puisqu'il consiste à éloigner de la profession de débitant des individus d'une honorabilité douteuse, à interdire la mise en exploitation de locaux d'une habitabilité défectueuse ou d'une surveillance difficile. Il s'ensuit qu'elles sont indirectement un obstacle à l'augmentation du nombre des débits, obstacle que rend surtout redoutable la nécessité de l'obtention d'une autorisation préalable.

Or, une réglementation bien comprise doit-elle se contenter d'abandonner à des causes indirectes le soin de réduire le nombre des débits, ou, au contraire, ne lui appartient-il pas de mettre en œuvre les mesures les plus propres à poursuivre ce résultat le plus promptement possible ? En d'autres termes, existe t-il une relation certaine entre le nombre des débits et la consommation des alcools, et toute mesure tendant à amener la réduction du nombre de ces établissements,

produira-t-elle une conséquence analogue dans la consommation des alcools ?

Il semble que cette question soit d'une extrême simplicité,
et que sa solution ne puisse faire de doute : la consommation
de l'alcool sera d'autant plus considérable que sera plus
grand le nombre des débits.

Pourtant, nombreux sont ceux qui prétendent que cette
corrélation n'est qu'apparente, et que le nombre des débits
n'a pas réellement sur la consommation des alcools l'influence prépondérante qu'on lui accorde généralement.

On sait le désaccord retentissant qui s'était élevé sur ce
point, d'une part, entre M. Claude (des Vosges), partisan
convaincu de la première théorie, et d'autre part, M. G.
Hartmann qui défendait le deuxième, en s'appuyant sur des
documents statistiques (1). Les partisans de chacune de ces
théories sont, depuis lors, restés sur leurs positions et, récemment encore, M. Chatteleyn proclamait à la tribune du
Sénat (2) qu'il n'y a pas de relation étroite et certaine entre
le nombre des débits et le chiffre de la consommation alcoolique.

Examinons donc les deux théories :

L'argumentation de M. Chatteleyn est la suivante : Il existait
en 1830, 281.847 débits de boissons ; en 1850, il y en a 350.424,
soit donc une augmentation de 25 o/o. Or, en 1830, la consommation de l'alcool était de 1 litre 12 par habitant, et en 1850,
de 1 litre 46. La situation reste donc à peu près stationnaire
quant à la consommation, tandis que le nombre des débits
s'accroît dans la proportion d'un quart.

L'inverse se produit si l'on passe à la période écoulée
entre 1850 et 1880. Le nombre des débits restant sensiblement le même (350.424 en 1850, 356.863 en 1880), la consom-

---

(1) *Journal des Contributions indirectes*. 1888, p. 459.
(2) Sénat, séance du 18 novembre 1904. *Journal officiel*, p. 938.

mation par habitant monte brusquement de 1 litre 46 à 3 litres 6, soit plus du double.

Enfin, en ce qui concerne la période actuelle, si le nombre des débits prend une extension considérable (356.863 en 1880 ; 425.407 en 1897, soit une augmentation de 20 %) par contre, la consommation par habitant ne s'élève qu'à 4 litres 19, soit une augmentation correspondant à celle constatée pour la période écoulée entre 1850 et 1880.

Et M. Chatteleyn de conclure : « Dans la période de 1850 à 1880, le nombre des débits reste stationnaire et la consommation augmente ; dans la période qui s'écoule depuis le vote de la loi du 17 juillet 1880 jusqu'en 1897, le nombre des débits augmente mais le chiffre de la consommation n'augmente pas dans des proportions différentes de celles que nous constatons pendant la période des trente années précédentes. Je prétends donc..... qu'il n'y a pas de relation étroite ni certaine entre le nombre des débits et le chiffre de la consommation. » *(Sénat : Séance du 18 novembre 1904. Officiel, p. 938).*

Les statistiques des années écoulées depuis 1897 viennent encore, semble-t-il, corroborer cette appréciation. Si, en 1897, nous avons 425.407 débits pour une consommation de 4 litres 19, en 1905, nous trouvons — y compris Paris — 473.593 débits pour une consommation de 3 litres 55. A une augmentation du nombre des débits correspond donc cette fois une brusque diminution dans le chiffre de la consommation. N'est-ce pas la preuve incontestable que la théorie soutenue par M. Chatteleyn est réellement la bonne ?

Que répondent ceux pour lesquels il existe une corrélation indubitable entre le nombre des débits et la consommation de l'alcool ? Ils affirment que chaque fois que cette corrélation a été mise en défaut, une cause incidente, et qu'il est facile de dévoiler, en a été la seule raison. Et c'est ce que M. Denomaison, secrétaire du Syndicat central du commerce en gros des liquides du département de la Seine-Inférieure, se fait fort de démontrer, également à l'aide de statistiques, et pour la période écoulée entre 1850 et 1892 (1).

Reportons-nous, pour suivre la discussion de cette théorie, au tableau de la page 21. Nous y voyons que sauf cinq exceptions, l'accroissement de la consommation de l'alcool a toujours coïncidé avec une augmentation du nombre des débits.

Dès le début, la règle paraît être en défaut. En 1850, nous avons 350.424 débits pour une consommation de 585.200 hectolitres d'alcool pur ; en 1855, nous avons 291.244 débits pour une consommation de 714.813 hectolitres. Donc, diminution du nombre des débits et augmentation de la consommation alcoolique.

L'abaissement du nombre de débits s'explique sans difficulté : il est la conséquence normale du décret de 1851. Quant à l'augmentation très forte de la consommation, elle provient, d'une part, de l'apparition sur le marché des alcools d'industrie et, d'autre part, de la faible récolte des vins (9.648.966 hectolitres en 1854, et 14.377.126 hectolitres en 1855), d'où s'en suit une pénurie de matières distillables.

Il faut franchir une période de plus de quinze années pour trouver une deuxième exception. En 1873, nous avons 348.599 débits pour une consommation de 934.450 hectolitres ; en 1874, nous avons 342.980 débits et 970.599 hectolitres. A une diminution dans le nombre des débits correspond encore une augmentation dans la consommation.

La loi de 1873, à peine en vigueur, est appliquée rigoureusement : d'où la diminution du nombre des débits. Quant à la consommation qu'avait momentanément enrayée la surtaxe votée en 1871, elle commence, en 1874, à reprendre son essor et, se trouve, du reste, singulièrement accrue par suite de l'application de la loi sur la réglementation des bouilleurs de cru (août 1872).

---

(1) *L'Alcoolisme et la Réglementation des débits de boissons*, par M. DENOMAISON. *Journal des Contributions indirectes*. 1897. p. 552.

Troisième exception en 1875 et en 1876, mais en sens inverse : les débits sont en augmentation alors que la consommation diminue. C'est que, en décembre 1875, le privilège des bouilleurs de cru avait été rétabli par le législateur et « cette mesure priva le Trésor de la perception de l'impôt sur une quantité supérieure à l'augmentation normale résultant de l'accroissement du nombre des débits ».

Même divergence en 1881 et 1882 : le ralentissement de la consommation est dû à la hausse des cours des alcools sur le marché et à l'abondance de la récolte des vins et des cidres, laquelle se traduit par une activité considérable chez les bouilleurs de cru.

En 1885, 1886 et encore en 1893 et 1894, même phénomène d'un accroissement du nombre des débits pour une diminution de la consommation. Là encore, la diminution a pour cause « un aliment exceptionnel de matière alcoolisable chez les bouilleurs de cru » pendant plusieurs années consécutives.

M. Denomaison termine en ces termes : « Une observation portant sur quarante-trois années, de 1850 à 1893, ne permet en somme de relever que cinq exceptions à la règle émise par M. Claude, et chacune de ces exceptions se trouve interprétée de la façon la plus naturelle du monde. C'est donc qu'il existe indéniablement un lien direct entre le nombre des débits et la consommation de l'alcool, une relation de cause à effet. La déduction qui découle de cette discussion c'est que la diminution du nombre des débits ne peut manquer d'avoir une influence des plus efficaces pour ramener la consommation de l'alcool à des proportions moindres (1) ».

Si, continuant la discussion de M. Denomaison, nous nous demandons quelle est la cause de la diminution survenue dans la consommation après 1900, nous la découvrons sans peine dans l'élévation, par la loi du 29 décembre 1900, des

(1) DENOMAISON. Op. cit. p. 564.

droits sur les spiritueux de 156 fr. 25 à 220 francs par hectolitre d'alcool pur.

Enfin, nous trouvons dans le *Bulletin de statistique et de législation comparée*, de 1906, relativement à la consommation des spiritueux pour l'année 1905, une annotation fort importante qui donne plus de force encore aux arguments de M. Denomaison. « Les statistiques sur la consommation des spiritueux, y est-il dit, ne présentant pas toutes les garanties désirables d'exactitude, cette statistique ne paraîtra plus désormais ».

Nous avons donc, d'une part, un chiffre exact, facilement vérifiable, celui représentant le nombre des débits ; d'autre part, une donnée inexacte, celle de la consommation des spiritueux, laquelle figure pour un quantum très inférieur à ce qu'il est en réalité. Il y a lieu de supposer, par suite, que les divergences signalées n'existeraient pas, ou du moins n'existeraient que dans des proportions peu considérables, si un tableau précis de cette consommation avait pu être mis en parallèle avec celui du nombre des débits.

Il ne faut pas perdre de vue, en effet, que dans les pays de production, les débits sont approvisionnés presque exclusivement d'alcools introduits en fraude. Ceci n'est un secret pour personne, notamment en Normandie. Ces alcools n'entrent évidemment pas en ligne de compte dans les statistiques officielles, pas plus qu'elles ne font ressortir la consommation de ces boissons innomables créées de toutes pièces par des débitants ingénieux et composées exclusivement d'alcool d'industrie de mauvaise qualité, voire même, paraît-il (1), d'alcool dénaturé dont le goût a été préalablement masqué par l'adjonction d'aromes spéciaux. Pourtant ces boissons sont de vente courante dans les débits de bas étage, ceux situés dans les quartiers populeux, près des usines, à proximité des ports et des chantiers importants.

(1) *Bulletin de la Société Générale des Prisons*, 1897, p. 454.

Tout récemment un savant suisse, M. J. Denis, de Genève, élargissant le débat qui nous occupe, s'est efforcé de prouver, à l'aide de statistiques empruntées aux divers pays d'Europe, que la règle posée par M. Claude ne pouvait être contestée. Nous reproduisons, ci-après, le tableau établi à cet effet par M. Denis, tableau extrait d'un rapport présenté par ce savant au Congrès international suisse réuni à Brême en 1903. Les données en ont été complétées par M. Gide en ce qui concerne la Russie et l'Allemagne.

NOMS DES PAYS		1re PÉRIODE D'EXAMEN			2e PÉRIODE D'EXAMEN		
		Date	Nombre d'habitants par débit	Consommation alcoolique par habitant (1)	Date	Nombre d'habitants par débit	Consommation alcoolique par habitant (1)
				litres			litres
I.	Norwège . .	1830	200	9.»»	1900	9.000	2.60
	Suède . . .	1829	100	23.35	1900	5.000	4.97
	Finlande . .	1850	100	20.»»	1900	9.000	2.»»
	Russie. . .	1863	270	6.35	1892	1.170	2.77
	Iles Britanniques	1879	160	10.13	1896	181	8.91
	Canada . .	1867	250	3.46	1900	9.000	1.94
II.	France . .	1830	117	6.79	1900	81	18.21
	Belgique . .	1850	82	6.36	1897	33	10.42
	Russie. . .	1885	152	11.»»	1897	143	13.50
	Italie . . .	1874	180	6.50	1898	170	10.23
	Autriche . .	1880	236	5.82	1899	204	8.57
III.	Allemagne .	1877	162	8.62	1896	246	9.44
	Hollande. .	1870	129	5.75	1896	200	6.09
	États-Unis .	1840	272	5.15	1900	380	5.18
IV.	Danemark .	1880	254	12.57	1885	254	10.23

(1) La consommation alcoolique comprend l'alcool contenu dans les vins, cidres, bières, etc. C'est ce qui explique pourquoi les pays vinicoles sont compris parmi les pays les plus alcoolisés.

Ce tableau (1) démontre avec la dernière évidence, comme le fait remarquer M. Denis, que « si on envisage une même région à deux dates distinctes et assez éloignées, on constate que si le nombre des cabarets augmente grâce au régime de liberté, la consommation de l'alcool augmente et si le nombre des cabarets diminue, grâce à des restrictions telles que la limitation, l'option locale ou la prohibition, la consommation diminue également... Il y a donc une relation de cause à effet entre le nombre des débits et le niveau de la consommation dans un pays ».

Pour nous, qui croyons également à la néfaste influence du nombre des débits sur la consommation alcoolique, il nous semble qu'en dehors de toute statistique il est une raison, toute de bon sens, qui suffit, à elle seule, à démontrer cette influence. Elle réside exclusivement dans le rôle joué par le débitant dans la vente des boissons.

« Ne croyez pas, disait M. J. Simon, que tout cabaretier soit un honnête commerçant qui attend paisiblement, derrière son comptoir, que les ivrognes viennent lui apporter l'argent de leur famille. Un cabaretier qui sait son métier et qui est pressé de se retirer des affaires pour vivre bourgeoisement de sa fortune, en revendrait à un usurier et à une courtisane dans l'art d'allumer les passions ! » (2). Tous les moyens sont en effet également bons au débitant pour attirer la clientèle : il sait faire alcool de tout. Nous est-il permis de citer ce que l'on peut appeler ses dernières trouvailles ?

La mutualité est actuellement à la mode ; elle ne pouvait laisser indifférent le débitant, qui a eu vite fait de trouver la manière de l'exploiter à son profit. Et dans de nombreux quartiers de Paris, il se passe ceci : le président, le vice-

---

(1) *Revue d'Économie politique.* 1904, p. 513.

(2) Cité par KOUX. *L'Alcoolisme en France et le rôle des pouvoirs publics dans la lutte contre le cabaret,* p. 196.

président du comité mutualiste du quartier sont marchands
de vins, le trésorier, un cabaretier ou un cafetier ; de sorte
que les mutualistes venus pour verser leurs cotisations,
entrent forcément au café, où ils ne peuvent moins faire
que de consommer (1)

Mieux encore : des débitants sont arrivés à faire de leur
établissement — où se rencontrent également le jeu des
courses et le pari mutuel — le siège de caisses d'épargne (1).

Enfin, nous relevons, dans un journal de Normandie,
l'avis suivant : « X... prévient sa nombreuse clientèle qu'à
partir de ce jour jusqu'à la fin du mois, il offre gracieusement
la rincette matin et soir ! » (2).

Dès lors, étant donné que le but unique poursuivi par le
débitant est de pousser constamment à la consommation,
que cette façon d'agir constitue sa seule raison d'être, n'est-il
pas naturel d'affirmer qu'une augmentation dans le nombre
de ces commerçants, aura pour effet d'accroître singulièrement la consommation des spiritueux ? Nous ne prétendons nullement que cette augmentation de la consommation
sera en proportion arithmétique de celle du nombre des
débits, c'est-à-dire qu'à un doublement du nombre des débits
correspondra logiquement une consommation double. Notre
pensée est simplement qu'à une augmentation du nombre
des individus dont la préoccupation de tous les instants est
l'accroissement de la consommation des spiritueux, correspondra fatalement une augmentation certaine de cette
consommation.

Du reste, en dehors même de l'influence proprement dite
du débitant, il est un facteur moral dont, à notre avis, on ne
tient pas suffisamment compte : c'est l'attirance extrême du
cabaret sur l'homme. Elle est l'effet d'une suggestion des

(1) Cité par le Dr LEGRAIN (*Paris buveur*), *Annales antialcooliques*, juillet 1905,
mars 190 .

(2) Cf. *Normandie médicale*, 1906 p. 469.

uns par les autres, d'un entraînement réciproque ; elle fait naître une contagion spéciale que le Dr Legrain a dénommée *l'alcoolisme collectif.*

Or, si pour combattre un fléau il est nécessaire de s'attaquer à son foyer, n'est-il pas de toute évidence qu'en supprimant un nombre appréciable de débits, foyers de cette contagion particulière, on restreindra dans une mesure appréciable l'intensité du mal ?

Aussi, sommes-nous persuadé qu'il est du devoir du législateur de poursuivre l'application de mesures spéciales — que nous allons maintenant examiner — en vue de réduire le nombre des débits.

1° De la limitation proprement dite du nombre des débits.

Or, quel est le moyen le plus pratique, et en même temps celui qui s'adapte le mieux à l'état de nos mœurs, dont on puisse se servir en France pour arriver à ce résultat ?

Il est nécessaire, pour le déterminer, de passer en revue les principaux systèmes employés à l'étranger dans le but de combattre le débit.

Nous ne ferons que citer pour mémoire le système — si tant est que ce soit un système — de la *prohibition absolue.* Appliqué à l'origine dans quinze Etats américains, il ne l'est plus actuellement que dans quatre : les États du Maine, du Kansas, du Dakota Nord, du New-Hampshire. Ce dernier État serait même sur le point de l'abandonner (1).

D'après la loi de l'État du Maine, en date du 2 juin 1851 (2), la fabrication, la vente, la fourniture des boissons enivrantes sont prohibées, sauf le cas d'ordonnance médicale et dans un but religieux ou scientifique (article Ier). Les spiritueux

(1) Dupré de la Tour, op. cit. *Tempérance,* 1903.
(2) Vidal. Op. cit. États-Unis.

destinés à ces divers usages sont vendus, dans chaque ville, par un seul agent à qui il est interdit d'avoir un établissement où le public soit admis à stationner. Cet agent, qui touche un traitement fixe, est nommé par l'autorité municipale et doit verser un cautionnement de 600 dollars (article 2). On comprendra pourquoi, dans ces conditions, nous n'insistons pas davantage sur ce système.

Un second système, le *local option*, consiste à laisser aux autorités locales ou à la population le soin de décider à quel régime doivent être soumis les débits de boissons d'une circonscription administrative déterminée. Nous le trouvons organisé de façon type en Nouvelle-Zélande (1).

Dans ce pays, toute circonscription électorale forme un district pour l'octroi des licences (licensing district). A chaque élection générale, le vote doit s'appliquer à la fois au choix d'un candidat et à la solution des trois questions suivantes :

1° Y a-t-il lieu de maintenir, dans le district, le nombre de débits existants ; 2° Y a-t-il lieu de réduire ce nombre ; 3° Y a-t-il lieu de supprimer tout débit ?

Si la majorité absolue des votants se prononce pour le maintien du *statu quo*, celui-ci est assuré ; si elle se prononce pour la réduction (elle ne peut être inférieure à 5 %, ni supérieure à 25 % du nombre total des débits existants), cette réduction est immédiatement poursuivie ; enfin, une majorité des trois cinquièmes des votants est nécessaire pour que la suppression totale soit prononcée. Le *statu quo* subsiste si aucune majorité n'est obtenue sur l'une quelconque des trois questions.

A la fois hardi et tyrannique, ce système n'a pas, jusqu'ici du moins, été couronné de succès : les électeurs de la Nouvelle-Zélande ne montrent que peu d'empressement à

(1) Siegfried. *La lutte contre l'alcoolisme en Nouvelle-Zélande. — Revue politique et parlementaire.* Mars 1900.

voter la suppression du wisky. Il serait impraticable chez
'nous.

Ajoutons qu'appliqué dans divers des États américains,
un chapitre spécial lui est réservé dans le nouveau Licensing Bill déposé, le 27 février dernier, devant la Chambre
des Communes, par M. Asquith, actuellement premier
ministre d'Angleterre. Ce projet (1), adopté en deuxième
lecture par cette Chambre le 4 mai 1908, oblige les juges des
licences à requérir le vote des électeurs paroissiaux du
district sur le « local option » si le dixième d'entre eux leur
adresse une pétition en ce sens. La mesure est poursuivie si
elle obtient la majorité des suffrages ; elle ne peut être
rapportée avant un délai de trois années.

Le système classique dit de *Gothembourg* ou de *Göteborg* (2),
en vigueur en Suède et en Norwège ne concorde pas avec
nos mœurs. On sait quelles en sont les caractéristiques :
les patentes de débitants d'alcools sont délivrées à des
Sociétés de Bienfaisance (bolag ou samlag), montées par
actions. Les débits, dont le nombre est restreint le plus
possible, sont gérés par des préposés auxquels est alloué un
traitement fixe. Ils n'ont donc aucun intérêt à provoquer la
vente des spiritueux ; par contre, ils sont autorisés à servir,
dans un local séparé de la salle de débit, des aliments et des
boissons autres que des spiritueux, et les bénéfices qu'ils
peuvent retirer de ce commerce, dont ils assument eux-mêmes
les aléas, leur appartient en propre. Il est interdit de stationner dans les débits ; l'on n'y trouve du reste ni table ni
chaise, la consommation est limitée à un seul verre qui doit
être avalé immédiatement. — Les bénéfices retirés par
la Société dans ces établissements sont consacrés, sauf
prélèvement d'un intérêt de 5 % du capital engagé, à des
œuvres reconnues d'utilité publique.

(1) *Times* du 4 mars 1908.

(2) G. VIDAL. Op. cit. cf. Suède. Norvège. Voir aussi *Berner, le Régime de
l'alcool en Norvége. Revue politique et parlementaire,* Novembre 1896.

Le *monopole russe* (1) (distillation et vente), au moyen duquel le Ministère des Finances espérait, dit M. Witte dans un rapport de 1894 (2), « mettre un terme à la fâcheuse influence des débitants de spiritueux sur l'état moral et économique des populations » ne nous arrêtera pas davantage. Il ne peut être question de créer des bureaux de vente, alias bureaux de tabacs, où serait délivré à chaque client, suivant un tarif officiel, une bouteille cachetée qui ne pourrait être débouchée qu'en dehors de ces établissements. Les résultats de ce système ont du reste été peu concluants : des débits clandestins se sont ouverts en grand nombre, et, dans beaucoup de villes, des postes de police ont dû être installés à proximité des débits officiels pour prévenir les scènes scandaleuses d'ivrognerie qui se déroulaient couramment en pleine rue.

Un dernier système subsiste : celui de la *limitation légale* du nombre des débits de boissons. Les hygiénistes fondent sur lui de grandes espérances, plusieurs projets de loi ont été déposés en vue de le faire adopter en France, et c'est à notre avis le seul qui convienne réellement à notre civilisation. Son étude va nécessiter quelques développements.

D'après ce système — et de façon générale — la loi fixe le maximum des autorisations qui peuvent être accordées pour l'ouverture des débits de boissons. Son application soulève donc les deux questions suivantes : Sur quelles bases la limitation doit-elle être établie ; de quelle façon doit-elle être poursuivie.

Avant de chercher à les résoudre, il nous semble utile de montrer brièvement, d'une part, quels ont été les résultats obtenus à l'étranger par la mise en vigueur de ce système, et en second lieu, d'analyser dans leurs grandes lignes les

____

(1) *Le Régime de l'Alcool en Russie* par B. R. S. *Revue politique et parlementaire*, Janvier 1897.

(2) Rapport du Ministre des Finances sur le budget de 1894, p. 23.

divers projets de loi, concernant la limitation, qui ont été formulés en France.

Le système de la limitation légale fonctionne à l'étranger, notamment dans l'État de New-York et en Hollande,

A New-York (1), l'ouverture d'un nouveau débit est subordonnée à la fermeture d'un débit déjà existant. Cette mesure, dont l'efficacité semble à première vue devoir être douteuse, n'en a pas moins amené une diminution sensible du nombre des débits qui, en dix-huit mois (31 décembre 1887, 5 juillet 1889) est descendu de 8.219 à 7.310.

En Hollande (2), d'après l'article 2 de la loi du 23 juin 1881, modifiée et complétée par les lois des 23 avril 1884 et 16 avril 1885, le nombre des autorisations à délivrer ne peut excéder dans les communes :

De plus de 50.000 habitants	1 débit par 500 habitants			
De 20.000 à 50.000	—	1	—	400	—
De 10.000 à 20.000	—	1	—	300	—
Moins de 10.000	—	1	—	250	—

Cette loi disposait, en outre, qu'en vue de respecter les droits acquis les débitants, en exercice au 1er mars 1881, conserveraient, leur vie durant, leurs privilèges. Il leur était permis de céder leurs établissements, et leurs successeurs ne pouvaient être inquiétés avant le 1er mai 1901.

Bien que cette loi n'ait pas entraîné une diminution aussi rapide du nombre des débits que l'espérait le législateur hollandais (3), remarquons cependant que ce nombre, qui était de 37.497 en 1880, était descendu, en 1901, à 23.401, et la consommation de 9 litres 80 à 8 litres 22 (alcool à 50°).

En France, le système de la limitation légale est, depuis longtemps déjà, à l'ordre du jour, et divers projets de loi,

(1) Rapport GUERIN, p. 19. Sénat 1904. Annexe, n° 113.

(2) Cf VIDAL, op. cit. et Don. *La nouvelle loi antialcoolique de Hollande et la limitation du nombre des débits. Annales antialcooliques*, mars 1905.

(3) Ce nombre devait être ramené à 12.000 dans un délai de vingt ans.

dont l'un a fait l'objet d'une discussion générale et un autre a été adopté récemment en première délibération, ont été déposés dans ce but, tant au Sénat qu'à la Chambre des Députés.

Le premier en date remonte au 27 mars 1899 : (1) il avait pour auteurs MM. J. Siegfried, Berenger, et plusieurs autres de leurs collègues du Sénat. Le moment paraissait particulièrement choisi : l'opinion publique était sous le coup de l'impression produite par l'émission de deux vœux retentissants, formulés à quelques jours d'intervalle par le Conseil municipal de Rouen, dans sa séance du 11 novembre 1898, et, le 23 suivant, par le Jury de la Seine-Inférieure.

Alors que le Conseil municipal de Rouen réclamait l'abrogation de la loi de 1880 et invitait les autres Municipalités de France à prendre des délibérations identiques, (2) le Jury de la Seine-Inférieure appelait l'attention du Gouvernement « sur l'action désastreuse de l'alcoolisme dans les causes du développement de la criminalité » et demandait « que la consommation de l'alcool soit enrayée par tous les moyens possibles » (3). Et le Comité consultatif d'hygiène de France, réuni par le Ministre de l'Intérieur en vue de donner son avis sur ces vœux, n'avait pas hésité, le 6 mars 1899, à s'y associer pleinement par l'organe de M. le docteur Bergeron.

Elaboré au sein de la *Ligue nationale contre l'Alcoolisme* (4) et adopté par le Conseil de cette Société le 14 mars 1899, le texte de ce projet, communiqué par les soins de la Ligue aux Conseils généraux des divers départements, était accueilli

(1) *Documents parlementaires*. Sénat 1899, p. 126.

(2) Voici le texte du vœu émis, sur la proposition de M. le Professeur Lefort, par le Conseil municipal de Rouen :

« Le Conseil municipal émet le vœu que le Parlement abroge la loi du 17 juillet 1880 qui a établi la liberté pleine et entière de l'ouverture des débits de boissons. Il charge M. le Maire, 1° de faire parvenir ce vœu au Gouvernement en le priant d'en saisir le Parlement le plus promptement possible, et 2° de la transmettre aux Municipalités des principales villes de France en les priant de s'y associer ». (*Normandie médicale* 1902, p. 19.)

(3) Cf. exposé des motifs de la proposition de loi Siegfried, p. 128.

(4) Cf. *La Tempérance*, année 1899.

favorablement par trente-trois d'entre eux ; trente et un jugeaient préférable de ne pas se prononcer ; quatre seulement le repoussaient catégoriquement. Les caractéristiques en étaient les suivantes :

L'autorisation préalable était rétablie et le pouvoir de l'accorder était conféré au Préfet, sauf avis de la Commission départementale du Conseil général et du Procureur de la République. Il ne pouvait être accordé qu'une autorisation par trois vacances, à Paris dans l'arrondissement, pour les départements dans les cantons, tant que le nombre des débits se trouvait être supérieur à un par trois cents habitants. Cette proportion une fois atteinte, il ne pouvait être accordé d'autorisation qu'en remplacement de débits existants. Tout débit qui, par suite de décès, faillite, cessation de commerce ou toute autre cause, avait cessé d'exister depuis plus de six mois, à compter de la constatation faite par l'Administration des Contributions indirectes, était considéré comme supprimé et ne pouvait plus être transmis (art. 2).

En ce qui concerne les droits acquis et le but poursuivi par le projet, il était dit dans l'exposé des motifs : « Pour ménager les droits acquis, la présente proposition de loi prévoit que les débitants actuels continueront à exploiter, sans autorisation préalable les établissements qu'ils occupent. Cette disposition parfaitement équitable se comprend d'elle-même. Sans interrompre le commerce des propriétaires actuels par une mesure hâtive et trop radicale, on laissera au temps le soin d'opérer, peu à peu, par le simple jeu des extinctions et des décès, la réduction du nombre actuel des débits. — C'est là en effet le but principal que nous nous sommes proposé : il faut non seulement moraliser les tenanciers par l'autorisation donnée après sérieuse enquête, mais surtout diminuer le nombre inquiétant et, chaque jour accru des cafés, cabarets et débits de toute espèce. » (1).

(1) *Documents parlementaires*. Sénat, 1899, p. 128.

Ce projet avait le grand défaut d'être peu clair, de manquer de mise au point. Le sens de l'article 2, notamment, prêtait à des interprétations multiples. Que fallait-il entendre exactement par trois vacances, nombre auquel était subordonnée toute nouvelle autorisation? Qu'advenait-il des débits qui fermés depuis moins de six mois faisaient l'objet, avant l'expiration de ce délai, d'une demande de réouverture?

Renvoyé à la Commission du Sénat, il y était fortement élagué et profondément modifié dans son essence. D'après le projet déposé le 29 mars 1904 (1) par le rapporteur, M. Guerin: A Paris par arrondissement, et dans les départements par commune (non plus par canton) le nombre des débits était limitativement fixé à 2 par 600 habitants et à 1 par 300 habitants au-dessus de ce nombre. Aucune déclaration nouvelle (non plus autorisation), ne pouvait être faite tant que ce nombre serait dépassé. Tout débit qui par suite de décès, faillite, cessation de commerce ou autre cause, avait cessé d'exister depuis plus de six mois, à dater de la constatation faite par l'Administration des Contributions Indirectes, était considéré comme supprimé et ne pouvait plus être transmis.

La discussion générale de cette nouvelle proposition eut lieu les 17, 18 et 22 novembre 1904. Prise dès le début à parti par le Commissaire du Gouvernement, déclarée loi d'expropriation et de proscription, par M. Chatteleyn, qui se fit le défenseur des brasseurs du Nord, également attaquée par M. Gourju, qui affirma que l'alcoolisme pouvait être victorieusement combattu à l'aide des mesures législatives actuellement en vigueur et surtout par l'exemple, le renvoi à la Commission en fut finalement décidé par 146 voix contre 120.

Elle prêtait du reste à de sérieuses critiques. C'est ainsi qu'elle appliquait le même maximum légal dans les villes et dans les campagnes, qu'elle ne prévoyait pas, comme le fit

____

(1) Sénat, S. O. Annexe, n° 113.

remarquer avec juste raison M. Lecomte, l'hypothèse de la formation d'agglomérations nouvelles, de la création de centres industriels importants. D'un autre côté, le sytème de la limitation présuppose l'obligation d'une autorisation préalable, il ne concorde nullement avec la formalité d'une simple déclaration. Nous ne nous expliquons pas, du reste, comment pourrait fonctionner l'article 2 (1). Plusieurs déclarations étant faites par des personnes également honorables quelle serait la solution à prendre ? La préférence serait-elle donnée à celui qui, le premier, aurait déposé sa demande, ou bien serait-il procédé par élimination successive des candidatures en présence ? Ce serait, dans le premier cas, établir une innovation difficile à motiver, instituer la légalité d'une course d'un nouveau genre ; dans le deuxième cas, revenir, sous une autre forme, au principe de l'autorisation préalable.

Loin de se laisser abattre par l'insuccès, MM. Berenger, Guerin et plusieurs de leurs collègues déposèrent au Sénat, le 3 Février 1905 (2), une nouvelle proposition de loi, différente de la précédente en ce qu'elle ne poursuivait plus — encore y apportait-elle certaines restrictions — que la limitation des seuls débits où l'on consomme sur place des boissons alcooliques. En outre, le délai d'inexistence nécessaire pour mettre obstacle à la transmission d'un débit était désormais de un an, au lieu de six mois.

La Commission à qui elle fut renvoyée porta à 1 par 200 habitants (au lieu de 1 par 300) le quantum de la limitation du nombre des débits, exception faite pour le cas où des circonstances particulières rendraient utile la création des débits en surnombre (situation topographique, affluence de population, etc). — Ainsi modifiée, la proposition Berenger

---

(1) ARTICLE 2. — Tant que cette réduction (1 par 300 h.) ne sera pas réalisée, aucune déclaration ne pourra être faite. Dans les communes où la proportion n'est point actuellement atteinte ou a cessé de l'être, les déclarations ne pourront être reçues que sur l'avis conforme du Conseil municipal.

(2) Sénat. S. O. Annexe n° 21.

fut adoptée en première délibération par le Sénat dans sa séance du 5 décembre 1907. Ajoutons que le Rapporteur, répondant à une interpellation de M. Halgan, déclara qu'en cas de compétition le débit serait accordé au demandeur le plus diligent (*Journal Officiel* du 6 décembre 1907, p. 1145).

Un projet de loi tendant à la limitation du nombre des débits a également été déposé le 22 février 1907 (Annexe n° 781) à la Chambre des Députés par M. A. Boyer.

D'après ce projet, l'autorisation préalable est rétablie (article 1), et il ne peut être accordé, à l'avenir, d'autorisation que dans les limites suivantes (article 2) :

Dans les agglomérations de 1.000 personnes, un débit par 250 habitants ou fraction de 250 habitants ;

Dans les agglomérations de 1.000 à 10.000 personnes, un débit par 500 habitants ou fraction de 500 habitants ;

Dans les agglomérations de 10.000 à 20.000 personnes, un débit par 750 habitants ou fraction de 750 habitants ;

Dans les agglomérations de 20.000 personnes et au-dessus, un débit par 1.000 habitants ou fraction de 1.000 habitants.

En outre, quand pour une cause quelconque un débit ne pourra plus être exploité par le titulaire ou par ses héritiers directs, il sera supprimé jusqu'à ce que le nombre de ces établissements soit ramené aux proportions précédentes (article 3).

Si la limitation progressive de M. Boyer nous paraît acceptable dans son principe, par contre l'article 3 de son projet nous paraît trop radical. Nous ne pensons pas qu'il soit jamais adopté par nos représentants.

Enfin, il est un dernier projet de loi dont nous ne pouvons nous dispenser de faire mention, c'est celui déposé le 23 mai 1907, à la Chambre des Députés, par M. Caillaux, ministre des Finances, dans le but de prévenir le mouillage des vins et les abus du sucrage (1).

____

(1) *Documents parlementaires*, Députés, 1907, p. 351.

D'après l'article 6 de ce projet : « A partir du 1ᵉʳ janvier 1908, l'ouverture de nouveaux débits de boissons à consommer sur place est interdite. Ne sont pas considérés comme ouverture de nouveaux débits pour l'application du présent article : 1° le transfert d'un débit déjà existant, sans cession, dans un rayon de cent mètres au maximum ; 2° la réouverture, dans le même local, d'un débit fermé depuis moins de six mois, à dater de la constatation faite par le service des contributions indirectes, par suite de décès ou faillite, pourvu qu'elle soit faite au profit des ayants-droit de l'ancien titulaire ».

L'article 7 apportait certaines restrictions à l'application de l'article précédent ; quant à l'article 8, il édictait des pénalités sévères à l'encontre des débitants fraudeurs.

M. Caillaux motivait ces dispositions de la façon suivante :

« L'attention doit être attirée sur une question qui, à un autre point de vue, celui du progrès de l'alcoolisme, préoccupe déjà vivement l'opinion publique ; il s'agit du nombre excessif des débits de boissons. Si, en effet, l'alcoolisme est développé par le grand nombre de débits, il ne l'est pas en proportion de ce nombre même ; par suite, les débitants se font une concurrence de plus en plus vive pour se disputer les consommateurs et l'âpreté de la lutte entraîne fatalement l'emploi de moyens déloyaux, la fraude commerciale et la fraude fiscale, tandis que, d'autre part, les fonctionnaires chargés de la répression se trouvent débordés par le nombre excessif des assujettis qu'ils ont à contrôler. Il a donc paru que, dans un projet de loi sur la répression de la fraude, des dispositions restrictives du nombre des débits devaient naturellement trouver leur place » (1).

Bien que les articles relatifs aux débits de boissons aient été, par la suite, dissociés du projet primitif, il est à peine besoin de faire ressortir l'importance des déclarations de

____

(1) *Documents parlementaires*, Députés, 1907, p. 352.

M. Caillaux. Elles affirment, en effet, l'intention du Gouvernement de prendre enfin la direction de la lutte contre le cabaret, et, comme telles, marquent une étape décisive de l'évolution anti-alcoolique.

Remarquons, du reste, que M. Caillaux a fait connaître qu'il ne retirait que momentanément les dispositions dont nous venons de parler, et qu'il en ferait, dans un temps rapproché, l'objet d'une proposition de loi spéciale (1).

Tels sont, brièvement envisagés dans leurs grandes lignes, les projets de limitation qui ont été formulés en France. Bien que des mesures excellentes aient été préconisées par chacun d'eux, aucun de ces projets ne nous satisfait entièrement. Nous allons donc, en leur empruntant ce qu'ils ont de bon, essayer d'énumérer les conditions qu'il nous paraît nécessaire d'édicter, en vue d'arriver à une limitation d'une pratique acceptable.

De façon générale, avons-nous dit, toute ouverture de débit doit être subordonnée à une autorisation préalable. Toutefois, en ce qui concerne la limitation proprement dite, il nous semble qu'une distinction s'impose entre les débits où sont exclusivement vendues des boissons dites hygiéniques, et ceux où l'on vend des spiritueux. Le but essentiel que l'on cherche à atteindre au moyen de la limitation est d'enrayer le fléau alcoolique ; il est donc logique de faire bénéficier d'un régime de faveur les établissements dont la raison d'être est, à n'en point douter, anti-alcoolique. Nous pensons d'autant moins qu'il puisse être fait d'objection sérieuse à cette distinction, que l'Administration des Contributions indirectes croit possible de délivrer des licences

---

(1) Dans une note officielle parue dans les journaux du 20 mai 1908 (cf. *Le Journal*), le projet du budget pour 1909 (projet actuellement à l'impression), contiendrait diverses dispositions destinées, est-il dit, à « restreindre le nombre des débits, afin d'enrayer les progrès, sans cesse croissants, de l'alcoolisme ». D'après les renseignements que nous avons pu nous procurer, ces dispositions seraient, dans leurs grandes lignes, identiques à celles ci-dessus exposées.

spéciales aux débits de boissons hygiéniques, et considère que ses moyens de surveillance habituels la mettraient suffisamment en mesure de déjouer la fraude (1).

Ce point élucidé, sur quelle base faut-il établir la limitation ?

Faudra-t-il, ainsi que le proposait M. Bérenger, envisager la population totale de la commune, ou, comme le demande M. Boyer, ne considérer que celle des agglomérations ? Une règle uniforme nous semble difficilement applicable. Voici, en conséquence, le système que nous proposerions :

Nous diviserions, en l'objet qui nous occupe, les communes en deux catégories : les communes urbaines et les communes rurales. — Par communes urbaines, nous entendons celles dont l'agglomération au chef-lieu n'est pas inférieure à quinze cents habitants. Une semblable agglomération dénote un centre d'une importance industrielle ou commerciale non douteuse. Pour ces communes, dites urbaines, nous ne tiendrions aucun compte de la population totale, nous n'envisagerions que celle des agglomérations. Il est à remarquer que dans les petites communes urbaines, l'agglomération englobe en général la presque totalité de la population de la commune. Mais à mesure que cette agglomération devient plus considérable, on voit se former à proximité de la ville même d'autres agglomérations, sortes d'annexes dont la prospérité est en relation directe avec celle de la ville. Composées d'habitants qui fréquentent journellement cette dernière, qui y ont leurs occupations, le cabaret y joue un rôle également dangereux : il est donc naturel de mettre ces agglomérations, émanations des agglomérations urbaines, sous le même régime que celles ci.

Ces diverses agglomérations seront soumises à une limitation d'autant plus rigoureuse, que leur population sera plus dense. Nous ne voulons pas prétendre par là, que la limita-

____

(1) Annexe n° 21 au procès-verbal de la séance du 3 février 1905, Sénat, p. 4.

tion doit être une mesure radicale de suppression des débits : une loi qui poursuivrait un but semblable sans se préoccuper de l'état des mœurs, serait dangereuse et, croyons-nous, absolument inefficace. Mais nous pensons que le danger est incontestablement plus grand dans les agglomérations importantes que dans les petites, en raison des occasions plus nombreuses qu'on y rencontre d'y mal faire, des tentations auxquelles on est constamment en butte, et aussi des entraînements réciproques auxquels la foule obéit inconsciemment. A notre avis une échelle progressive s'impose donc, et nous proposons la suivante, qui se rapproche de celle établie en Hollande par la loi du 23 juin 1881.

Le nombre des autorisations à délivrer ne pourra excéder : (1)

Dans les agglomérations de 1.500 à 5.000 habitants, un débit par 250 habitants ou fraction de 250 habitants ;

Dans les agglomérations de 5.000 à 10.000 habitants, un débit par 300 habitants ou fraction de 300 habitants ;

Dans les agglomérations de 10.000 à 20.000 habitants, un débit par 350 habitants ou fraction de 350 habitants ;

Dans les agglomérations de 20.000 à 50.000 habitants, un débit par 400 habitants ou fraction de 400 habitants ;

Dans les agglomérations de 50.000 à 100.000 habitants, un débit par 500 habitants ou fraction de 500 habitants ;

Dans les agglomérations de 100.000 à 200.000 habitants, un débit par 700 habitants ou fraction de 700 habitants ;

Dans les agglomérations au dessus de 200.000 habitants, un débit par 900 habitants ou fraction de 900 habitants.

En ce qui concerne les communes que nous avons dénommées rurales, c'est-à-dire celles dont l'agglomération prin-

---

(1) Le chiffre de 250 habitants pris comme base de notre limitation ne nous semble nullement exagéré. Si de 250 on retranche, en effet, les femmes, les enfants, ceux des pères de famille qui comprennent et pratiquent leur devoir, il reste à peine 30 ou 40 personnes qui fréquentent le cabaret et pour lesquelles un débit est largement suffisant.

cipale n'atteint pas 1.500 habitants, il ne peut être question d'appliquer une échelle identique. Nous nous trouvons, en effet, en présence de communes dont la population est souvent entièrement éparse. Une mesure uniforme produirait des conséquences choquantes, soulèverait des incidents multiples, d'une solution parfois impossible.

A vrai dire, la difficulté n'existe pas pour les agglomérations dont la population sera supérieure à 250 habitants et inférieure à 1.500. Elles pourront être soumises à la limitation minima des agglomérations urbaines (un débit par 250 habitants ou fraction de 250), avec cette restriction toutefois que le minimum des ouvertures autorisées sera de deux si la population n'atteint pas 500 habitants. L'intérêt de la question se concentre exclusivement sur les lieux épars ; comment leur appliquer le système de la limitation ?

Mais, ferons nous remarquer, est-il indispensable de le leur appliquer ? Si tout débit où il est détaillé des boissons alcooliques doit-être, en principe, considéré comme dangereux, le danger que présentent les débits des hameaux des campagnes est en général peu considérable. L'habitant du hameau ou de la ferme voisine n'est pas un client habituel de ces établissements, qui, si ce n'est parfois le dimanche ou les jours de fêtes, ne sont fréquentés que par des rouliers ou des voyageurs en tournée commerciale. Le patron est souvent un cultivateur, il n'hésite pas à fermer sa boutique pour aller soigner ses terres. Nous ne pensons pas que, dans ces conditions, le débit du hameau apporte un fort contingent au recrutement des alcooliques.

Toutefois, comme il n'est cependant pas inutile de prendre certaines précautions à leur encontre, nous proposons de soumettre l'ouverture des débits dans les hameaux, dont la population est inférieure à deux cent cinquante habitants et dans les endroits isolés, à la seule appréciation de notre Commission d'autorisation, dont les décisions se trouveront être dictées par les circonstances. Remarquons que l'article 2

(deuxième alinéa) du projet de loi, adopté en première lecture par le Sénat, le 5 décembre 1907, donne un pouvoir
sensiblement identique au Conseil départemental d'hygiène.

Les règles limitatives que nous venons d'énumérer, et qui
concernent exclusivement les débits ordinaires de boissons
alcooliques, ne comportent-elles pas, dans leur application,
certaines restrictions ?

MM. Siegfried et Bérenger demandaient (1) que la faculté
soit donnée, aux entrepreneurs, d'ouvrir temporairement des
débits pour la commodité des ouvriers, dans les chantiers où
s'exécutent d'importants travaux. Sans méconnaître la réalité
des besoins qui peuvent résulter d'une réunion de travailleurs sur des points souvent éloignés de toute agglomération,
nous croyons que seuls les débits vendant des boissons dites
hygiéniques devraient être alors autorisés. La vente des alcools
présente, dans les milieux ouvriers, des inconvénients trop
nombreux pour qu'une exception soit établie en la circonstance.

Mais du moins, ainsi que le proposaient M. Caillaux (2) et
M. Guerin, n'y a-t-il pas lieu d'admettre une dérogation en
faveur des stations balnéaires et des villes d'eaux où les
étrangers affluent à certaines époques de l'année, et d'y permettre, pendant la durée de la saison, l'ouverture de débits
supplémentaires détaillant des boissons alcooliques ? Nous
n'en apercevons pas, quant à nous, l'utilité.

Par qui sera, en effet, constituée la clientèle de ces nouveaux établissements ? A coup sûr, ni par les baigneurs, ni
par ceux venus pour suivre un régime curatif, mais bien
plutôt par les employés des magasins, les ouvriers occupés
aux réparations des immeubles, la domesticité des étrangers.
Dès lors, il y a lieu de craindre des dangers identiques à ceux
que nous avons signalés précédemment comme étant à redou-

(1) Proposition de loi, mars 1899. Exposé des motifs.
(2) Article 7 de son projet.

ter dans les chantiers : c'est dire qu'une solution identique s'impose. Nous n'entendons pas, toutefois, parler des casinos : la vente des spiritueux est un attribut presque essentiel de ces établissements, et ceux qui les fréquentent ne donnent du reste qu'une prise minime à l'alcoolisme.

Il devrait être également interdit de servir des boissons alcooliques dans les débits ouverts à la journée, à l'occasion des foires, des marchés, des fêtes publiques, etc.

La base suivant laquelle doit être poursuivie la limitation légale étant établie comme nous venons de l'indiquer, il nous reste à déterminer de quelle façon s'obtiendra la réduction du nombre des débits.

Or, quels sont les divers procédés dont le législateur dispose pour arriver à ce résultat ? Nous en voyons quatre.

Tout d'abord, l'Etat peut évincer, sans indemnité, les cabaretiers en surnombre. C'est cette mesure qui fut appliquée lors de l'établissement, en Russie, du monopole de la vente au détail des spiritueux.

« Vous n'auriez pas voulu », disait M. de Markoff à M. Jacques Bertillon (1), « qu'on donnât à ces canailles de koulack la moindre indemnité ! On avait besoin de leur échoppe, on la leur a prise, il n'y avait pas d'autre explication à leur donner... Il s'agit de la boutique d'un koulack ! Ce n'est pas là une propriété ; il tenait cette boutique d'une licence de l'autorité, licence essentiellement révocable. On lui retire cette licence, il n'a pas à réclamer. Et, de fait, pas un n'a fait entendre la moindre protestation ». Il eut été, à la vérité, fort dangereux pour le koulack de protester : il savait quelle sanction eut entraîné sa réclamation et il était naturel qu'il n'essayât même pas d'en formuler une.

Une pareille mesure, semble-t-il, doit être répudiée *de plano*. Pourtant, dans une note sur « *l'allocation d'indemnités*

(1) *Du monopole de l'alcool en Russie — Revue politique et parlementaire* Août 1899.

aux distillateurs en cas de suppression de leur industrie », présentée le 12 juillet 1895 à la Commission d'études instituée par arrêté royal du 6 avril 1895, pour procéder à une enquête sur les ravages exercés par l'alcool en Belgique et étudier les mesures propres à combattre ce mal, M. Mesdach de Terkiele, procureur à la Cour de cassation de Belgique, s'exprimait ainsi : « La nation n'a pas à payer rançon pour accomplir les devoirs que la conscience publique lui impose. La société protège ses membres en tout temps et elle a toujours le droit d'exiger de chacun d'eux les sacrifices nécessaires au bien de tous. Si l'alcool est un poison, et personne n'y contredit, elle a le droit de le traiter en ennemi ».

De son côté, la Cour suprême des Etats-Unis, dans les procès dont elle a eu à connaître relativement aux débits de boissons, a pris comme base de législation le principe suivant (1) : « L'État peut, en vertu de son pouvoir de police, réglementer ou même supprimer totalement tout trafic qui apparaît être une source de danger public, sans pour cela créer, pour les intérêts individuels lésés, aucun droit de réparation. Or, le commerce des boissons enivrantes rentre (comme la prostitution) dans cette catégorie. » (State of Kansas. V. Ziebold, octobre 1887).

Nous rejetons, au nom de la simple équité, de semblables théories. Si l'État a lui-même méconnu ses devoirs, en ne réglementant pas suffisamment le commerce de la vente des boissons au détail, il ne peut en faire supporter exclusivement la faute aux débitants, dont les droits acquis sont incontestables.

En second lieu, l'État peut indemniser les tenanciers expropriés. Cette manière d'opérer, tout à fait conforme au principe de la réparation du préjudice causé, doit être écartée, en raison des frais considérables que nécessiterait son application.

---

(1) Dupré de la Tour. Op. cit. *Tempérance*, 1903.

Le nombre des débits actuellement existant en France est approximativement de 480.000. Or, en supposant que ce chiffre soit ramené à 250.000, on se rend facilement compte de l'énormité de l'allocation totale qu'il faudrait verser aux expropriés. Sans doute, l'intérêt général gagnerait beaucoup à la réalisation d'une telle mesure, et la perte pécuniaire, supportée annuellement par le pays, en raison des dépenses causées indirectement par l'alcoolisme — perte qui ne s'élèverait pas à moins de trois milliards — diminuerait dans de sensibles proportions. Mais il serait tout au moins exagéré de faire supporter à l'État seul le poids d'une mesure qui aura pour effet immédiat de donner aux fonds de commerce des débitants en exercice une valeur fort supérieure à leur valeur primitive.

Aussi a-t-on proposé de faire réparer par ces derniers le dommage causé aux débitants atteints par la limitation.

Cette théorie a été mise en avant par la Commission extra-parlementaire anglaise, nommée à l'effet de procéder d'urgence à une enquête sur le fonctionnement de la législation relative à la vente des boissons alcooliques et d'examiner les propositions qui pourraient être faites en vue de l'amender (1). Elle est d'autant plus digne d'attirer l'attention qu'en Angleterre, du moins légalement, l'autorisation délivrée au débitant n'est que temporaire et qu'elle doit être sollicitée à nouveau périodiquement.

La Commission n'en admit pas moins que, s'il n'y avait pas à proprement parler droit acquis, il ne devait pas cependant être perdu de vue que les débitants éprouveraient du fait de leur éviction un dommage dont on ne pouvait se dispenser de leur tenir compte. Elle proposait, en conséquence, de faire verser par les cabaretiers maintenus en exercice, les indemnités d'expropriation qui seraient fixées par les juges compétents.

<hr>

(1) De Casabianca. *Législation du Royaume-Uni sur la Réglementation des débits de boissons. Tempérance*, 1900.

Le projet de loi déposé par M. Asquith, à la Chambre des Communes, le 27 février 1908 (1), nous montre de quelle façon ce procédé peut être employé.

D'après ce projet, la réduction du nombre des débits de boissons doit être poursuivie de telle sorte qu'après une période de quatorze années, partant du 5 avril 1909, les licences *on* (débits à consommer sur place) devront se répartir de la façon suivante :

Personnes par acre		Nombre de « on-licences »			
2 ou moins	1 par	400	personnes ou fraction de	400	personnes
de 2 à 25	1	500	—	500	—
de 25 à 50	1	600	—	600	—
de 50 à 75	1	700	—	700	—
de 75 à 100	1	800	—	800	—
de 100 à 200	1	900	—	900	—
plus de 200	1	1000	—	1000	—

Tout débitant exproprié a droit, pour les années non encore expirées de la période de réduction, à une indemnité dont le montant est déterminé, suivant des règles larges, par les Commissaires du Revenu intérieur.

Les sommes nécessaires au paiement de cette indemnité sont prélevées sur le fonds de compensation (compensation fund), lequel est constitué au moyen d'une taxe spéciale, dite taxe compensatoire (compensation levy), payée par les débitants et dont l'importance varie (entre 1 et 100 livres sterling), suivant celle de la licence à laquelle ils sont assujettis.

Le soin d'opérer la réduction est laissé aux juges des licences (licensing justices), qui doivent cependant soumettre, pour raison financière, leurs projets à la Commission des

(1) *Times*, du 4 mars 1908.

licences, et cette dernière peut, au cas où les juges refuse-
raient d'agir, mener à bonne fin la réduction à leur place.

C'est à cette Commission, qui est composée de trois
membres, qu'appartient la charge de payer les indemnités
compensatoires.

Après l'expiration de la période de quatorze années prévue par le projet, les licences seront soumises aux conditions
imposées par les juges des licences ; leur extinction ne
donnera plus droit à compensation et, par suite, la taxe compensatoire sera supprimée de plein droit.

Ainsi ce projet a le double avantage, d'une part, de ne
faire supporter qu'aux seuls débitants le poids des indemnités compensatoires, d'autre part, de fixer la date à partir
de laquelle la réduction devra être régulièrement achevée.

Rien ne semble s'opposer à ce qu'un système identique
soit adopté en France. Le pouvoir de déterminer quels
seraient les débits à exproprier pourrait être confié soit à
une Commission spéciale (par exemple notre Commission
d'autorisation), soit aux Tribunaux de première instance,
ces derniers étant, en tous les cas, chargés de fixer le montant
de l'indemnité compensatoire. Quant à la taxe de compensation, elle pourrait être également subordonnée au montant
de la licence payée par les débitants.

Mais, ferons-nous remarquer, n'est-il pas à craindre que ce
procédé, relativement simple en théorie, ne devienne prati-
quement une source inépuisable de difficultés et d'incidents qui en rendent l'application extrêmement pénible ?
Tout le laisse supposer, et c'est pourquoi nous lui préférons
le dernier procédé de limitation qui nous reste à examiner.

Il consiste à interdire toute nouvelle ouverture tant que le
nombre des débits existants sera supérieur au maximum
légalement fixé. Son application n'entraîne donc le paiement
d'aucune indemnité : tous les débitants en exercice au
moment de sa mise en vigueur étant maintenus dans la possession de leurs établissements.

Mais, nous dira-t-on, quelle sera par la suite la situation de ces débitants? Les droits qu'ils posséderont au moment de la mise en vigueur de ce procédé seront-ils définitivement acquis ?

En Hollande, la loi de 1881, complétée en 1884 et 1885, avait admis que les débitants en exercice au 1er mars 1881 conserveraient, leur vie durant, leur privilège. Ils pouvaient céder leurs établissements, et leurs successeurs ne devaient pas être inquiétés avant le 1er mai 1901, date à laquelle on espérait que la limitation légale serait atteinte.

La nouvelle loi de 1904 (1) a apporté quelques modifications aux lois antérieures. Les débitants, en exercice au moment de sa mise en vigueur, peuvent demeurer en possession de leur licence jusqu'à leur mort ; il est loisible au survivant des époux de continuer le commerce du conjoint décédé. Par contre, aucune nouvelle licence n'est accordée si deux autres débitants n'abandonnent leurs licences au profit du requérant : ces nouvelles licences sont garanties pour une durée minima de dix ans. Enfin, en ce qui concerne les Sociétés anonymes, elles ne peuvent, à l'avenir, obtenir de licence, et celles dont elles sont détentrices cesseront d'exister de plein droit le 1er mai 1930.

En Hollande, donc, les droits acquis sont simplement temporaires.

M. Lejeune, ancien Ministre de la Justice, proposait, dans son projet déposé au Sénat Belge le 8 novembre 1898, le système suivant : (2)

Les débitants en exercice à la date du 8 novembre 1898 profitaient, pourvu qu'ils en aient fait la demande dans un délai de deux mois, de la dispense de prohibition sans laquelle il devenait désormais impossible de vendre des boissons alcooliques titrant plus de 18°, à l'exception toutefois des

---

(1) A. Don. op. cit. *Annales antialcooliques* 1905.

(2) *Journal des Contributions indirectes*, 21 février 1900.

tenanciers : 1° des cafés, estaminets et cabarets ouverts à une époque où le nombre de ces établissements atteignait déjà dans la commune la proportion d'un par trente habitants ; 2° des cafés, estaminets et cabarets installés dans un immeuble affecté, en tout ou en partie, à un service public appartenant à l'État, à une province, à une commune et à un établissement public ; 3° des buffets et buvettes établis dans les installations ou les véhicules des chemins de fer ou des tramways (art. 13). L'article 14 était ainsi conçu :

« La dispense accordée en exécution de l'article 13 suit la propriété de l'immeuble dans lequel est installé le café, l'estaminet ou le cabaret qu'elle concerne. Elle n'est que temporaire pour les cafés, estaminets et cabarets qui ont été ouverts à une époque où le nombre de ces établissements dépassait déjà dans la commune la proportion de 1 par 100 habitants. Elle est limitée à 5, 10, 15 ou 20 ans selon que le nombre des cafés, estaminets et cabarets atteignait dans la commune à l'époque de l'ouverture de l'établissement qu'elle concerne, la proportion de 1 par moins de 40 habitants, sans dépasser celle de 1 par 30, la proportion de 1 par moins de 50 habitants sans dépasser celle de 1 par 40, la proportion de 1 par moins de septante habitants sans dépasser celle de 1 par 50, la proportion de 1 par moins de 100 habitants sans dépasser celle de 1 par septante... La date de l'ouverture de l'établissement pour la supputation de la durée à assigner à la dispense est celle à partir de laquelle l'immeuble dans lequel il est installé n'a plus cessé d'être à usage de café, d'estaminet ou de cabaret. »

D'après M. Lejeune, les droits des débitants seraient, par conséquent, et suivant les cas, définitivement acquis ou simplement temporaires.

En France, les projets Siegfried, Bérenger, Guerin, ainsi que celui de M. Caillaux, ministre des Finances, sont unanimes à admettre que les droits des débitants doivent être considérés comme définitivement acquis : les débitants

pourront donc céder leurs établissements, leurs successeurs
pourront également les vendre, et ainsi de suite. Seront seuls
supprimés les débits qui auront cessé d'exister par suite de
décès, faillite, cessation de commerce ou autre cause, depuis
un temps suffisamment long pour laisser supposer que leur
fermeture est irrévocable.

Quant à M. Boyer, il supprime tous les débits qui, pour
une cause quelconque, ne peuvent plus être exploités par les
tenanciers ou leurs héritiers directs. En outre, tout débit où
il aura été dressé au moins cinq procès-verbaux entraînant
des condamnations de plus de 600 francs d'amende pour infractions aux lois fiscales concernant les fraudes, sera fermé
par l'autorité publique.

Nous avons en France, à juste raison, le respect le plus
profond pour le droit de propriété. Dès lors, il nous paraît
difficile d'adopter le système original de M. Lejeune, ou
encore celui appliqué en Hollande : le seul qui soit admis-
sible chez nous est celui qui respecte de façon absolue les
droits du débitant.

Mais alors, nous objectera-t-on, si vous admettez que les débits soient indéfiniment transmissibles, comment atteindrez-
vous le maximum légal? Chaque débitant trouvera toujours
un acquéreur pour son fonds de commerce et le nombre des
débits, s'il ne peut augmenter, restera du moins stationnaire.

C'est là, répondrons-nous, un résultat déjà fort appréciable : appliqué en 1880 ce système eut, en effet, mis
obstacle à l'existence des 90.000 débits nouveaux qui se sont
ouverts depuis cette date, et le fléau alcoolique ne serait sans
doute pas arrivé au degré d'acuité que nous déplorons.

Il est, du reste, certains cas où les débits peuvent être
supprimés sans qu'il soit porté atteinte au droit de propriété. « Les cabarets », comme le faisait remarquer
M. Bérenger (1), « sont comme toutes les institutions,

____

(1) *Journal Officiel*, Sénat. Séance du 22 novembre 1904, p. 956.

comme tous les établissements de ce monde ; il arrive, par la force même des choses, que quelques-uns d'entre eux disparaissent. Un cabaretier meurt, son cabaret n'a pas d'acquéreur, un autre fait faillite, il se trouve que son établissement était situé dans un endroit peu favorable ou que la concurrence, l'énorme concurrence qui existe à l'heure actuelle, lui rendait la vie impossible : personne ne se présente pour le remplacer... L'établissement a disparu, il ne sera pas remplacé. »

Ainsi, la réduction du nombre des débits s'opèrera par le jeu des décès, faillites et extinctions diverses, toutes les fois qu'il y aura lieu de supposer que le débit, soumis à l'une de ces causes, a cessé d'exister, c'est-à-dire toutes les fois qu'il se sera écoulé, depuis la fermeture de ce débit, un délai tel que sa reconstitution apparaît comme ne devant plus se produire.

MM. Bérenger et Guerin proposent que ce délai soit d'un an. Les héritiers ou les créanciers du débitant n'attendront évidemment pas un temps aussi long pour tirer profit de son fonds de commerce ; les uns et les autres savent parfaitement qu'un établissement fermé se déprécie rapidement, au point qu'il n'a plus, au bout de quelques mois, aucune valeur marchande.

Remarquons, du reste, que cette prescription d'un an ne court que du jour où l'Administration des Contributions indirectes a constaté officiellement la vacance de l'établissement. Or, il est infiniment rare que cette Administration intervienne au lendemain même du jour de la cessation du commerce ; elle se convainct, auparavant, qu'il ne se présentera pas d'héritier, d'acquéreur, de créancier désireux de faire revivre l'exploitation, et, pour mener à bien son enquête, il lui faut plusieurs semaines, parfois même plusieurs mois. Et, comme ce n'est qu'après ce premier délai que commence à courir celui d'un an, on peut-être assuré qu'aucun intéressé ne sera lésé par cette manière de faire.

On reprochera sans doute à notre système de n'amener qu'une diminution lente du nombre des débits. Nous avons dit quels avaient été les résultats obtenus à l'étranger par des systèmes sensiblement identiques : à New-York, en dix-huit mois, le nombre des débits s'est trouvé réduit d'un neuvième ; en Hollande, en dix ans, un tiers des débits a disparu. Il est enfin un exemple récent que nous ne pouvons nous dispenser de citer, il concerne l'Algérie.

On sait que les débits de boissons d'Algérie avaient été, par décret du 5 mai 1881, soumis au régime de la loi du 17 juillet 1880 ; il s'ensuivit, comme en France, une augmentation considérable du nombre de ces établissements, si bien que l'on ne tarda pas à concevoir des inquiétudes pour la santé, l'hygiène et même la sécurité de notre colonie. Sur la proposition du Gouverneur Général, le Président de la République prit en conséquence, le 25 mars 1901, en vue de mettre fin à cette situation pleine de dangers, un décret (1) abrogeant le décret de 1881 et prohibant l'existence, dans toute commune, de plus d'un débit par 300 habitants européens agglomérés. Tout débit qui, par suite de décès, faillite, cessation de commerce ou autre cause, aura cessé d'exister depuis plus de six mois à partir de la constatation faite par le service des Contributions diverses, est considéré comme supprimé. Or, l'application de ce décret, dont les dispositions ont été intégralement empruntées au projet Siegfried et Berenger, a entraîné, en cinq ans, la disparition de plus du tiers des débits algériens, et le Gouvernement a la conviction qu'au bout de dix ans la moitié de ces débits aura définitivement disparu (2).

Notre système n'est donc pas aussi anodin qu'on pourrait le supposer à première vue. Nous sommes d'ailleurs de ceux qui prétendent qu'on ne doit pas abandonner à ce seul

(1) *Journal Officiel* du 14 avril 1901.
(2) *Journal Officiel* du 6 décembre 1907, p. 1144. Sénat.

système le soin d'opérer la limitation recherchée et qu'il est nécessaire, au contraire, de faire appel à d'autres mesures que nous allons étudier et qui sont relatives à l'élévation de l'impôt des licences, à la fermeture des débits par décision judiciaire.

2° Système des Licences [1]

Tiré du latin *licet* (il est permis), le mot licence implique une idée d'autorisation, de permission. De façon générale, en effet, dire qu'un débitant est soumis à la licence c'est sous-entendre que pour exercer son commerce ce débitant a obtenu une autorisation spéciale qui lui a été accordée moyennant le paiement d'une taxe déterminée. En France, toutefois, la licence n'a pas actuellement cette signification : elle constitue un impôt « qui atteint le fait de spéculer sur des produits passibles de l'impôt indirect ; c'est en quelque sorte le prix de la surveillance que les opérations de cette nature exigent de la part des agents du fisc et un dédommagement des frais ainsi occasionnés au Trésor (2). » Mais elle l'aurait du jour où serait adopté le principe de l'autorisation préalable.

Qu'on la considère, du reste, comme prix d'une autorisation ou comme impôt spécial, il est facile de se rendre compte de quelle façon la licence peut influer sur le nombre des débits.

Tant que le tarif en est faible, le débitant y fait face sans difficulté : les frais généraux supportés par l'établissement ne s'en trouvant que peu surélevés, le remboursement s'en opère aisément sur les consommateurs. Mais si l'on majore suffisamment ce tarif, la situation apparaîtra tout autre. En raison de la concurrence énorme que se font entre eux les débitants, concurrence qui les force à réduire le plus

(1) Cf. note de l'Introduction, p. 9.
(2) TRESCAZE. *Dictionnaire général des Contributions Indirectes*, p. 1236.

possible leurs bénéfices, il arrivera, dans ce cas, que les petits débitants, écrasés par les frais nouveaux dont ils ne pourront plus désormais faire supporter, par répercussion, la charge à leurs clients, se trouveront dans l'obligation de se retirer d'un commerce trop peu rémunérateur, s'ils ne veulent être acculés à la liquidation judiciaire ou à la faillite.

Car, ainsi que le faisait remarquer M. L. Say dans son rapport de 1888 (1), les petits débitants ne gagnent pas d'argent, ils vivent misérablement. Poussés par le goût, fort respectable d'ailleurs, que l'on a pour s'établir, ils n'ont la plupart du temps que des économies modiques, parfois insuffisantes pour payer intégralement leurs fournisseurs. Continuellement en quête d'expédients ils sont « le canal par où l'alcoolisme se répand le plus ». Leur disparition aura l'avantage doublement heureux de supprimer des lieux d'intoxication particulièrement dangereux pour l'ouvrier, et d'orienter les intelligences et l'activité de leurs tenanciers vers une direction plus conforme à leur aptitude.

On s'est servi, dans de nombreux pays étrangers, des licences comme moyen de réduction du nombre des débits.

La Loi belge du 19 août 1889, dont le but essentiel était de combattre les progrès de l'alcoolisme par voie fiscale, nous fournit un premier exemple. « Et soumettant à un impôt élevé les débits qui s'ouvriront dans l'avenir », disait M. Bernaert, « on arrêtera instantanément la multiplication et on arrivera bientôt à en réduire considérablement le nombre » (2). En conséquence, les articles 4 et 5 de cette loi disposaient qu'à l'avenir les débitants de boissons alcooliques seraient soumis à un droit de licence, s'élevant à :

---

(1) Cf. *Journal des Contributions indirectes*, 1888, p. 477.
(2) *L'alcool en Belgique au point de vue fiscal et hygiénique*, par Antheaume.

200 fr. dans les communes de 60.000 habitants et au-dessus
150 fr.   —   30.000 — à 60.000
100 fr.   — -   15.000 — à 30.000
 80 fr.   —   5.000 — à 15.000
 60 fr.   —   de moins de 5.000 habitants.

Ce tarif, cependant peu élevé, entraîna une sensible diminution du nombre des débits, lequel descendit de 185.000 en 1889 à 139.000 en 1897.

En Russie, le montant de la licence ayant été successivement doublé, quintuplé, voire même décuplé de 1863 à 1885, le nombre descendit de 257.531 à 152.049 (1).

D'après la loi du 5 mai 1880, les débitants d'Alsace-Lorraine doivent acquitter un droit de licence de 100 marks, dans les communes de moins de 2.000 habitants, de 200 marks dans celles de 2.000 à 10.000 habitants, de 300 marks dans celles de plus de 10 000 habitants. En 1883, 3.200 débits avaient disparu (1).

Mais c'est surtout en Amérique que le système des licences a été appliqué avec une vigueur particulière (2). Aux États-Unis, le taux des licences varie suivant la population des villes ou des villages. Rarement inférieure à 100 dollars, elle atteint parfois jusqu'à 1.1000 dollars (5.500 francs). Elle est de 1.100 dollars à Boston, de 1.000 dollars à Philadelphie, de 800 dollars à New-York, 650 à Brooklyn, 500 à Chicago.

D'après la loi de l'État de New-York, elle atteint généralement 500 dollars dans les villes de 50.000 à 100.000 habitants ; 350 dollars dans celles de 10.000 à 50.000 habitants, 300 dollars dans celles de 5.000 à 10.000 habitants ; 200 dollars dans celles de 1.200 à 5.000 habitants. Le minimum pour les villages de moins de 1.200 habitants est de 100 dollars.

Dans l'État de Nébraska, une loi de 1881 fixe le droit de licence à 500 dollars pour les débits situés dans les localités

---

(1) KORN, op. cit., p. 180.
(2) DUPRÉ DE LA TOUR, op. cit.

de moins de 10.000 habitants, et à 1.000 dollars dans les autres.

En 1882, la licence étant de 50 dollars, il existait à Chicago un débit par 158 habitants ; cette licence ayant été élévée à 500 dollars, il n'y avait plus, en 1893, qu'un débit par 209 habitants. A Philadelphie, la licence ayant été décuplée, le nombre des débits descendit de 5.773 en 1877 à 1.746 en 1888.

Il serait fastidieux de citer d'autres exemples. Si nous recherchons maintenant ce qui a été fait en France, nous constaterons que le législateur n'a nullement songé, jusqu'à présent, à faire de la licence un obstacle à la multiplication du nombre des débits, et qu'il l'a uniquement considérée comme une source productive de revenus pour le Trésor.

De 1871 à 1900 les débitants de boissons étaient soumis à un droit de licence qui, ainsi que le montre le tableau ci-après, variait, suivant la population, de 15 à 50 francs par an.

Licences payées par les débitants de boissons avant la loi du 29 décembre 1900

Commune de 4.000 h. et au-dessous, par débit et p^r trimestre,		3 f. 75
— 4.000 à 6.000 —	—	5
— 6.000 à 10.000 —	—	6 25
— 10.000 à 15.000 —	—	7 50
— 15.000 à 20.000 —	—	8 75
— 20.000 à 30.000 —	—	10
— 30.000 à 50.000 —	—	11 25
— 50.000 et au dessus —	—	12 50

Il est évident qu'une taxe aussi faible ne pouvait contrarier en rien le développement des débits. En va-t-il autrement depuis la mise en vigueur de la loi du 29 décembre 1900 qui a établi ainsi qu'il suit le tarif des droits de licence :

CATÉGORIES D'ASSUJETTIS			Droit de Licence, par **trimestre**, exigible dans les communes de								
			Toutes catégories	500 hab. et au-dessus	501 à 1.000 hab.	1.001 à 4.000 hab.	4.001 à 10.000 hab.	10.001 à 20.000 hab.	20.001 à 50.000 hab.	50.001 à 100.000 h.	110.000 h. et au-dessus
				FR.	FR.	FR.	FR.	FR.	FR.	FR.	FR.
Débitants lorsqu'ils sont rangés pour l'application des droits de patente	dans le tableau A	7 et 8ᵉ cl.		5	6	7.50	11.25	15 »»	18.75	21.25	25 »»
		6ᵉ classe		5.50	7	8.75	12.50	17.50	21.25	26.25	31.25
		5ᵉ —		6.25	8	10 »»	15 »»	20 »»	25 »»	30 »»	37.50
		4ᵉ —		11.25	15	17.50	26.25	33 »»	43 75	52.50	65 »»
		1ʳᵉ, 2ᵉ, 3ᵉ		18.75	25	30 »»	45 »»	60 »»	75 »»	90 »»	112.50
	dans un autre tableau		112.50								

Le taux des licences, à la vérité, a été augmenté dans des proportions considérables puisqu'il varie désormais entre 20 et 450 francs par an ; pourtant cette augmentation n'a eu aucune répercussion sur le développement du nombre des débits. Elle ne le pouvait du reste pas, son but exclusif ayant été de compenser en partie les effets budgétaires de la réduction des droits sur les boissons hygiéniques.

Dans le rapport présenté au Sénat, par M. de Verninac, sur le projet qui a donné naissance à la loi du 29 décembre 1900, nous trouvons cependant ce passage : « La multiplication constante des débits de boissons est, à juste titre, considérée comme le facteur le plus important du progrès de l'alcoolisme. Plusieurs Conseils généraux ont déjà émis le vœu que leur nombre soit limité. L'augmentation des licences, recommandée dès 1887 par la Commission extraparlementaire des alcools, exercera une action restrictive sur le nombre des débits et donnera ainsi, dans une certaine mesure, satisfaction à ces vœux ». Mais ce n'est là qu'un argument de pure forme, puisque, dans le tableau de l'économie du projet de loi, il n'est tenu aucun compte, dans le calcul du produit du nouveau tarif, des diminutions possibles, ce que l'on n'aurait pas manqué de faire au cas où le but poursuivi aurait été réellement conforme à l'hygiène. Il est bon d'ajouter, d'ailleurs, qu'au cours des débats parlementaires, ce point de vue ne retint à aucun moment l'attention des Chambres, et qu'il ne fit l'objet que de quelques allusions fort discrètes de la part du Ministre des Finances.

Du reste, la proportionnalité même du nouveau tarif, donne à la loi de 1900 un caractère fiscal indubitable. Si le législateur a, en effet, établi de nouvelles charges à l'encontre des débitants, il a du moins fait en sorte qu'elles soient en rapport avec l'importance de chacun de leurs établissements et qu'elles ne mettent pas obstacle à leur développement.

Nous pouvons donc dire qu'il n'a rien été fait en France pour combattre le cabaretisme par les licences. La faute n'en saurait évidemment être imputée aux médecins, aux hygiénistes et aux criminalistes qui, à maintes reprises, depuis le rapport de M. L. Say, ont réclamé, de leurs vœux, la mise en œuvre d'une mesure que les débitants redoutent à ce point qu'aucun de leurs congrès ne se termine sans qu'ils ne s'élèvent avec force contre le droit de licence.

Deux conditions sont nécessaires, à notre avis, pour que le système des licences produise un effet réductif; le tarif doit en être uniforme pour tous les débits d'une même agglomération, et la taxe suffisamment élevée.

Alors que la patente atteint le commerçant suivant l'importance de son commerce, la licence, par contre, ne vise pour le débitant que le simple fait de vendre des boissons, c'est une sorte de taxe de capitation, c'est le prix de l'enseigne, de la faculté de vendre. Peu importe, dès lors, que l'assujetti soit à la tête d'un *gin-palace*, d'un café en renom ou d'un modeste cabaret: le fait constitutif de la taxe restant le même, cette taxe doit demeurer invariable.

Cette invariabilité de la taxe n'exclut pas d'ailleurs une certaine proportionnalité, car s'il est logique de traiter de façon identique les débitants d'une même agglomération, il serait évidemment exagéré de ne pas tenir compte du chiffre

de la population des diverses agglomérations, et par suite de
ne pas subordonner le montant de la taxe à l'élévation plus
ou moins grande de ce chiffre.

Il va de soi, en outre, que le tarif des licences ne sera un
obstacle au développement du nombre des débits que s'il est
suffisamment rigoureux. Non qu'il y ait lieu, croyons-nous,
de porter immédiatement ce tarif à un taux voisin de celui
auquel sont astreints les débitants américains : il y a intérêt,
en effet, à ce que la diminution ne soit pas trop brusque, à
ce qu'elle se fasse progressivement. Le législateur doit se
préoccuper, tout d'abord, de faire disparaître les débits
dénoncés comme étant les plus dangereux, c'est-à-dire les
petits débits qui sont une plaie dans les grands centres.

Nous pensons qu'un tarif établi sur les bases suivantes
serait conforme à cette ligne de conduite. Il serait facile du
reste, après un temps d'essai assez prolongé pour en appré-
cier la valeur, d'en majorer le taux si le besoin s'en faisait
sentir.

Nous proposons, en conséquence, d'assujettir les débitants de boissons à une licence qui s'élèverait :

Dans les agglomérations :

de 500 habitants et au-dessous de				60 francs par an
de	500 à	1.000 habitants à		80	—
de	1.000 à	1.500	—	à	100	—
de	1.500 à	2.000	—	à	125	—
de	2.000 à	4.000	—	à	150	—
de	4.000 à	10.000	—	à	175	—
de	10.000 à	20.000	—	à	250	—
de	20.000 à	50.000	—	à	350	—
de	50.000 à	100.000	—	à	450	—
de	100.000 à	200.000	—	à	600	—
au-dessus de 200.000		—	à	800	—
à Paris			à	1.000	—

Quant aux débits situés dans des agglomérations, annexes

d'agglomérations urbaines, ils seraient soumis, pour les raisons que nous avons précédemment développées, au tarif de ces dernières agglomérations.

La mise en application de ce tarif pourrait être poursuivie de deux manières différentes : soit que le droit de licence ne frappe que les nouveaux débitants, soit au contraire qu'il atteigne tous les débitants sans distinction, les anciens comme les nouveaux, sous la réserve que le tarif actuel soit progressivement surélevé (annuellement, par exemple,) jusqu'à ce qu'il ait atteint le taux proposé. Nos préférences vont à cette dernière méthode, dont l'emploi n'est aucunement en désaccord avec la théorie que nous avons émise et suivant laquelle les droits acquis doivent être respectés le plus possible.

A la vérité, on peut être tenté de la considérer comme une véritable mesure de spoliation, puisque le but ouvertement recherché est de faire disparaître les débits les moins importants. Une telle conception nous semble cependant parfaitement conforme au caractère même de l'impôt.

Lorsqu'un impôt est créé, lorsqu'il est majoré, il s'en suit fatalement qu'un certain nombre d'intérêts sont lésés, qu'ils ont à souffrir de cette élévation ou de cette majoration. Pourtant, le fait est journalier ; il est devenu presque une habitude pour le contribuable.

Il est, du reste, un exemple typique en ce sens qu'il s'agit d'un impôt dont la majoration a eu indirectement un but à peu près semblable à celui que nous poursuivons par l'augmentation du tarif des licences, nous voulons parler de l'impôt des patentes qui frappe les grands magasins.

En présence des doléances des petits commerçants qui se plaignaient de la concurrence désastreuse qui leur était faite par les grands magasins, où le client trouve les objets les plus divers à des prix relativement modiques, le législateur a cru devoir élever, dans des proportions considérables, la patente de ces établissements.

Ainsi, d'après M. Merlou (1), un grand magasin de Paris ayant : 1° 4 spécialités (nos 1, 3, 4 et 24 du tarif) ; 2° une voiture à un cheval, 64 voitures à 2 chevaux, et 197 chevaux ; 3° 430 employés ; 4° une valeur locative de 196.430 francs, qui, en 1880 (loi du 15 juillet 1880, fondamentale des patentes), payait en principal une patente de 30.368 francs, en paie aujourd'hui une de 79.139 fr. 33.

Sans doute, le législateur proclame qu'il a seulement recherché à mieux proportionner les charges de ces magasins à leur chiffre d'affaires, mais l'élévation du tarif des patentes n'en constitue pas moins une mesure destinée à arrêter l'essor de ces établissements et à protéger le petit commerce.

Le grand défaut que l'on reproche au système des licences est d'amener la concentration du commerce de détail dans un nombre restreint d'établissements. Le même reproche est d'ailleurs adressé à toute disposition dont le but est de supprimer un nombre appréciable de débits.

Dans un supplément paru dans le *Temps*, en août 1896, supplément qui fut répandu à un très grand nombre d'exemplaires, M. Alglave, défenseur du monopole de l'alcool, s'exprimait de la façon suivante : « L'impôt des licences étant une taxe fixe non proportionnelle à la vente, constitue un impôt tout à fait antidémocratique et tout à fait contraire à l'égalité devant la loi fiscale. Léger aux gros débitants, il écrase les petits, et l'on peut le caractériser par le mot célèbre : « Silence aux pauvres ». Ce mot sera même cette fois littéralement vrai. En effet, une foule de petits cabaretiers des campagnes, les plus utiles et les plus inoffensifs, devront nécessairement disparaître, car la licence nouvelle représentera pour eux plus qu'ils ne paient aujourd'hui de droits de tous genres sur les alcools qu'ils vendent ».

Pour M. le sénateur belge Lejeune, ancien ministre : « Assujettir l'exercice de la profession de cabaretier au paiement

(1) Annexe 1009 à la séance du 15 juin 1903. Chambre des Députés.

d'une taxe élevée, c'est en favoriser fiscalement la concentration dans quelques grands établissements. Dans les régions rurales cette concentration pourra, au hasard des situations topographiques, déranger les habitudes des buveurs, mais la tempérance n'y gagnera pas... Dans les villes et dans les agglomérations industrielles, monopoliser au profit des spéculateurs disposant de capitaux puissants, l'exploitation de la passion de l'alcool, en supprimant la concurrence des petits cabarets, qui en entrave l'essor, c'est mettre le fisc, moyennant salaire, au service de la spéculation abominable dont l'objet est d'activer les ravages de l'alcoolisme en perfectionnant cette exploitation (1) ».

Il est hors de doute que la disparition des petits débits entraînera, du moins dans les agglomérations d'une certaine importance, la transformation des débits existants en établissements vastes et peut-être même luxueux : mais une semblable transformation ne sera-t-elle pas justement salutaire à la cause antialcoolique ? Au débit de bas étage, l'ouvrier se trouve chez lui ; le patron est souvent un ancien camarade d'atelier, les clients sont des travailleurs : il est dans son milieu et s'y complaît. Mais quiconque a vu entrer dans un grand café un ouvrier endimanché, peut se faire une idée de ce qu'il adviendrait le jour où le débit serait remplacé par les « Gin-Palaces » : il n'oserait se présenter sale, les habits souillés, dans des établissements resplendissants de lumière, où les consommateurs sont astreints à une certaine tenue, à un maintien correct. Et n'ayant plus à succomber à la tentation du débit, il prendrait goût peu à peu aux œuvres saines qui développent l'intelligence ou fortifient le corps.

A ceux qui considèrent comme une mesure anti-démocratique le système des licences, nous répondrons avec M. L. Say, que c'est une erreur de prétendre « démocratique la disper-

---

(1) *Bulletin de la Société Générale des Prisons.* 1897, p. 38.

sion de certaines industries en un grand nombre de mains...
Il n'y a de véritablement démocratique que ce qui est utile à
la démocratie. La démocratie est bien obligée, comme toutes
les grandes conceptions pratiques, de sacrifier à l'intérêt
commun celui d'un certain nombre d'individus ; on lui a
même reproché d'y être plus portée que d'autres organisa-
tions sociales ou politiques. L'alcoolisme est une maladie qui
peut faire obstacle au développement politique de la démocratie, puisqu'il tend à diminuer l'aptitude des masses à
comprendre les idées générales et à les appliquer, c'est-à-dire
qui les rend moins aptes à gouverner » (1). Tel est bien, du
reste, l'avis des démocrates par excellence, des socialistes
qui, par la voix autorisée de M. Millerand (2), déclarent
qu'il est « du devoir comme de l'intérêt de leur parti, de tout
faire pour arracher à l'abrutissement alcoolique les masses
laborieuses ».

Toutefois, en vue de prévenir les effets mauvais que pourrait entraîner un changement brusque dans les habitudes de
la classe ouvrière, nous serions d'avis que le système des
licences, tel que nous l'avons proposé, ne soit appliqué qu'aux
débits de boissons alcooliques.

Quant aux établissements dans lesquels on ne détaille
que des boissons hygiéniques, nous voudrions qu'ils soient
assujettis à une licence dont le taux serait égal à la moitié,
ou même au tiers de celui des autres débits. Le bénéfice
que l'on peut retirer de la vente des boissons hygiéniques
n'est pas comparable, en effet, à celui que fait ressortir la
vente des alcools ; dès lors, seuls pourraient subsister les
établissements antialcooliques d'une importance suffisante
pour permettre à leurs tenanciers de faire face à leurs frais
généraux et de retirer un profit convenablement rémunérateur de leurs peines. Ce tarif ainsi restreint constituerait

---

(1) *Journal des Contributions indirectes.* 1888, p. 477.
(2) Discours prononcé à Lille, le 4 avril 1899.

donc un obstacle certain à l'existence prolongée des petits débits, des bouges.

On nous objectera que les détaillants de boissons hygiéniques, même ainsi sélectionnés, se laisseront tenter par l'appât du gain supérieur qu'ils retireraient de la vente des spiritueux, si bien que leurs établissements deviendront rapidement des débits clandestins d'alcool. Et l'on nous citera en exemple la Belgique.

La loi belge de 1889 ayant assujetti les seuls débitants de boissons spiritueuses au droit de licence, le nombre de ces établissements descendit de 185.000 en 1889 à 139.000 en 1897. Par contre, les débits de boissons fermentées s'élevèrent, pendant la même période, de 6.000 à 61.000. Résultat excellent, dira-t-on ! Oui, si ces débits s'étaient contenté de jouer le rôle en vue duquel ils semblaient avoir été créés ; mais on estime, dit le *Bien Social* (n° de novembre 1898) que 75 % de ces débits de bière vendent des alcools. « L'immense majorité du nombre des débits qui existent en Belgique », remarquait M. Vanderwelde à la Chambre des députés belge (séance du 13 décembre 1898) « sont de tout petits cabarets tenus bien souvent par des ouvriers qui ont une clientèle très restreinte et qui, par conséquent, n'ayant affaire qu'à quelques intimes, fraudent sans danger et vendent autant que des cabaretiers qui paient la licence ». Et le péril de ces débits clandestins est d'autant plus grave qu'ainsi que le constatait M. de Smet de Naeyer au Sénat belge, le 18 mars 1896 « dans ces cabarets où l'on vend clandestinement de l'alcool, le petit verre de schnik n'est généralement pas servi dans la salle ouverte au public, mais plutôt dans l'arrière-boutique, dans la chambre de la famille, dans la cuisine, c'est à-dire où se tiennent la mère, la jeune fille, les enfants ». Et l'orateur ajoutait : « pas n'est besoin d'insister sur le péril que court la moralité par le fait de ce contact ».

Nous ne contestons pas la valeur de cette objection ; il

nous semble impossible d'empêcher que certains débits de boissons hygiéniques ne détaillent en même temps des spiritueux. Du moins, peut-on édicter des mesures suffisantes pour que la fraude n'existe pas à l'état latent.

La situation serait loin d'être comparable à celle de la Belgique ; nous assujettissons les débitants de boissons hygiéniques à une licence qui, pour n'être pas aussi élevée que celle qui frappe les débitants de spiritueux, n'est cependant pas sans importance. La moralité de ces commerçants — dont l'établissement ne pourra, du reste, être ouvert sans autorisation préalable — s'en trouvera sensiblement accrue.

D'un autre côté, l'Administration des Contributions indirectes, pressentie sur la question par M. Bérenger (1), lui a donné l'assurance que ses moyens de surveillance habituels la mettaient suffisamment en mesure de déjouer la fraude. Or, chacun sait quel zèle et quel dévouement les agents de cette administration apportent dans l'exercice de leurs fonctions. Nous sommes persuadé que le concours de ces agents, chez qui l'idée de devoir est particulièrement développée, serait d'une efficacité remarquable : remise entre leurs mains, la loi recevrait une application intégrale et sans défaillance.

Nous voudrions, du reste, que des pénalités sévères soient édictées comme sanction des faits de fraudes, et qu'à la seconde contravention, le Tribunal prononce obligatoirement, en outre de l'amende pécuniaire et de la saisie des boissons delictueuses, la fermeture de l'établissement.

Est-il nécessaire d'aller plus loin encore et de faire prendre au débitant, ainsi que le proposait un projet de loi déposé par le Gouvernement belge en 1901, l'engagement solennel non seulement de « ne vendre, livrer à quelque titre que ce soit ou laisser boire dans les locaux du débit et dans ses dépendances aucunes boissons spiritueuses », mais encore

(1) Sénat. S. O. Annexe 21. Année 1905.

de « ne détenir dans les mêmes locaux, dans l'habitation, si elle est attenante au débit et dans les dépendances de cette habitation, aucune quantité de boissons spiritueuses, même pour la consommation domestique ? » (1).

Nous ne voyons guère l'utilité d'un semblable engagement dont la solennité même nous paraît être un contre sens. Les débitants prêteront tous les serments qu'on exigera d'eux, mais cela ne changera en rien leur manière de faire.

Il est vrai que le projet belge punit les parjures d'une amende égale au triple du droit de licence exigible et de la saisie du matériel et du mobilier servant au débit. Mais point n'est besoin d'engagement solennel pour arriver à un résultat identique.

3° Des Commerces annexés à la vente des Boissons

Il est peu de petits débitants qui se contentent de vendre exclusivement des boissons. La plupart cherchent à augmenter le montant de leurs bénéfices par la tenue d'un commerce facile, et c'est ainsi que nous avons le cabaretier épicier, le cabaretier gérant de bureau de tabacs, le cabaretier coquetier, le cabaretier logeur, le cabaretier marchand au petit détail, etc., etc.

Nous ne trouverions rien à redire à cette manière de faire, si l'expérience n'était venue démontrer le danger particulièrement grave de ces débits spéciaux.

Considérons, d'abord, le débit auquel est annexé une épicerie, un coquetage. Ainsi que le faisait remarquer M. le Dr Brunon (2) « il a prise sur une clientèle que son voisin n'atteignait pas, sur la femme qui ne va pas au cabaret ».

---

(1) *Journal des Contributions Indirectes*, 1901, p. 216. Un nouveau projet déposé le 29 février 1908, édicte, dans son article 9, des dispositions sensiblement analogues, bien que plus restrictives encore. (Voir *Journal des Contributions Indirectes* du 20 avril 1908).

(2) Dr BRUNON. *L'Alcoolisme en Normandie*. (*Normandie Médicale*, 1896, p. 416).

Pendant que son mari est au travail, ses enfants à l'école, la ménagère descend acheter des œufs, des légumes, du lait, du charbon, etc... Elle rencontre chez le débitant d'autres ménagères, également en quête de provisions ; la conversation s'engage, les commérages vont leur train. Le tenancier opère sans hâte ; les bouteilles d'alcool, qui voisinent avec les denrées, incitent à la tentation, et l'une de « ces dames », sous un prétexte quelconque, offre « une tournée ». Une pareille politesse demande naturellement à être rendue ; or, comme ce sont toujours les mêmes ménagères qui se trouvent réunies aux mêmes heures, le lendemain une autre « tournée » est payée par une autre d'entre elles et ainsi de suite. Désormais l'habitude est prise : l'absorption de boissons alcooliques devient presque une nécessité pour chacune de ces ménagères, et elles en absorberont même lorsqu'elles seront seules au débit. Dans un bourg du Vexin, dit encore M. Brunon, les femmes, jeunes et vieilles, « ne vont pas chez l'épicier acheter deux sous de sel sans boire un verre. La rue qu'elles habitent porte le nom de rue de la Fiole, leur inconduite est notoire ».

Si bien que la femme ne se contente bientôt plus de boire chez le coquetier ou chez le crémier ; elle achète, pour quelques sous, de l'alcool qu'elle emporte à la maison. Que de fois nous avons vu, à Caen, de malheureuses femmes d'ouvriers traverser la rue avec, à la main, un carafon d'eau-de-vie qu'elles ne prenaient même pas la peine de dissimuler. Et voilà des femmes irrémédiablement perdues, « perdues sans ressources ; les enfants eux-mêmes n'échapperont pas. » (1).

S'agit-il des débits où l'on loue des chambres à la journée ou au mois ?

Si l'on en croit *l'Étoile Bleue* (numéro de mai 1906), sur douze mille garnis que renferme Paris « et qui comptent

(1) D' BRUNON, op. cit.

plus de vingt-cinq mille locataires, il en est un grand nombre où les ouvriers n'obtiennent aucun crédit pour le paiement si élevé de leurs loyers (4, 5, 6 et 7 fr. par semaine), s'ils ne consomment pas une quantité notable de boissons alcooliques vendues par le maître du garni. Essaient-ils de se soustraire à cette traite d'un nouveau genre, ils sont impitoyablement mis dehors et remplacés par d'autres prêts à sacrifier santé, vie, moralité, pour être logés ».

Mais le danger du débit où on loge est surtout redoutable, au point de vue de la moralité. C'est dans ces établissements que sont domiciliées, la plupart du temps, les femmes de mauvaise vie ; elles sont pour les débitants, habitués à considérer l'argent comme « n'ayant pas d'odeur », des clients de choix, dont ils retirent des bénéfices considérables. Certaines villes ont bien tenté d'apporter des restrictions au commerce du cabaretier-logeur : c'est ainsi, qu'à Cherbourg, il n'est permis à tout débitant de n'héberger qu'une seule fille soumise. C'est là une mesure insuffisante qui ne laisse pas moins subsister des abus, sur la nature desquels il est inutile d'insister.

Nous n'insisterons pas davantage sur le rôle joué par les garnis loués à la journée, véritables lieux de contamination, bien plus redoutables encore que les maisons de tolérance, à qui elles font, du reste, une concurrence très grande. Quant à ces dernières, n'est-il pas un fait constant, ainsi que le faisait remarquer M. Turot, au Conseil municipal de Paris, que les seuls bénéfices retirés par les tenanciers proviennent, non de la prostitution, mais de la consommation alcoolique des clients, si bien que la traite des femmes n'est considérée, par eux, que comme un excellent moyen d'accroître la vente des alcools ? Or, il a été démontré à maintes reprises, notamment par le Dr Forel, au Congrès de Buda-Pesth (septembre 1905). (*L'alcool et la vie sexuelle*) (1) que la plupart

(1) *Annales antialcooliques*. 1905.

des infections vénériennes sont contractées sous l'influence de l'alcool. Conçoit-on, par suite, la menace terrible qu'il y a, pour les individus et la race, à tolérer sous le même toit l'alcool et la prostitution ?

L'intervention du législateur en l'objet qui nous occupe n'est donc que trop justifiée, et il nous semble presque incompréhensible qu'aucune mesure n'ait encore été édictée à ce sujet. Le projet de loi adopté, en première lecture, par le Sénat dans sa séance du 5 décembre 1907, dispose, dans son article 3, qu'aucun débit d'alcool ou de boissons alcooliques à consommer sur place, ne peut être établi dans des locaux ayant une communication directe avec ceux affectés à un autre commerce. Nous n'apercevons pas la raison pour laquelle une exception a été établie en faveur des débits de boissons non-alcooliques. Le danger sera peut-être ainsi conjuré dans une certaine mesure, mais il n'en restera pas moins très réel : au lieu de s'alcooliser, la ménagère prendra des habitudes d'ivrognerie. Cette disposition laisse du reste entière la question des garnis.

D'un autre côté, dans son article 6-4°, ce même projet soumet à un régime spécial les débitants qui assurent la gestion d'un débit de tabac. « Leur assujettissement aux prescriptions de la loi, » dit M. Guérin dans son rapport (annexe 215, séance du 6 juillet 1907. Sénat), « eût jeté un certain trouble dans l'Administration de la Régie. L'Administration des Contributions indirectes conserve d'ailleurs, à raison de l'agrément qu'elle donne à cette catégorie de débits et de la faculté qu'elle a de le leur retirer, le moyen d'exercer sur eux, en cas d'abus, un contrôle efficace. »

Nous ne partageons pas cette manière de voir. Prétendre que l'interdiction d'annexer la vente des tabacs à celle des boissons sera, de façon générale, la cause d'un trouble sérieux dans l'Administration des Contributions indirectes, c'est affirmer que le recrutement des gérants des débits de tabac ne peut se faire que difficilement, en dehors des débitants de boissons. Les débitants de boissons sont-ils donc les seuls commerçants qui aient intérêt à obtenir cette qualité ? Certes non ; et il serait facile de s'assurer qu'à l'heure actuelle nombreux sont les petits commerçants, notamment les épiciers, qui remplissent les dites fonctions.

L'Administration des Contributions indirectes trouvera, d'ailleurs, d'autant plus facilement à louer ses débits, que des compétiteurs nouveaux apparaîtront dans la personne de tous les petits commerçants qui, ne pouvant plus adjoindre un débit de boissons à leur magasin de vente, rechercheront de cette autre façon à augmenter leurs bénéfices. Par suite, les demandes de gérances se multiplieront ; la tenue d'un bureau de tabac fera, en quelque sorte, prime, et ses titulaires, — veuves et orphelins — pour qui la redevance est souvent la seule ressource, trouveront eux-mêmes, dans cette compétition, le moyen d'obtenir une augmentation appréciable de cette redevance.

A un autre point de vue, l'exception dont nous venons de parler, produirait un effet étrange.

Les gérants des débits de tabacs ne peuvent être agréés qu'après avis favorable de la Préfecture. Les débitants, dont l'influence politique est connue de tous, ne tarderaient pas à accaparer, à leur profit, les gérances, puisque la vente des produits du monopole serait désormais la seule qu'ils puissent annexer à celle des boissons. Et l'on assisterait alors à ce spectacle tout au moins curieux : l'État admettant en quelque sorte au rang de ses fonctionnaires, et favorisant exclusivement ceux-là même dont il proclame le commerce danger public, et menace pour l'avenir du pays.

On nous objectera qu'à côté des débits de tabacs simples, il existe des recettes-buralistes dont les emplois — du moins pour les plus importantes — sont remplis par de vieux serviteurs de l'État sans fortune. Pour ceux-là, le bénéfice retiré de la vente des tabacs constitue, également, la plus grande partie de leurs ressources, les remises du bureau de

déciarations étant une rémunération insuffisante des travaux
d'écritures qui leur incombent. Leur sera-t-il interdit de
vendre des boissons ?

L'objection nous semble plus apparente que réelle. Elle ne
touche d'ailleurs que les receveurs-buralistes de 1re classe
(titulaires de bureaux d'un produit supérieur à 800 francs),
c'est-à-dire les seuls qui soient réellement de vieux serviteurs, les recettes de 2e classe étant — dans la majorité des
cas — concédées à des candidats locaux n'ayant aucun titre
particulier à invoquer. Or, une grande partie des débits
annexés aux recettes buralistes de 1re classe ne sont pas
tenues par les titulaires : la situation de ces sous-agents se
trouve donc être identiquement celle des titulaires de simples
débits de tabacs. Quant aux autres, nous ne voyons pas
pourquoi la règle générale ne leur serait pas appliquée.

Ce sont en effet des fonctionnaires, et, comme tels, ils ne
peuvent commercer sans l'autorisation de l'Administration
dont ils dépendent. Le Ministre, en les nommant, n'a, du
moins nous le pensons, jamais eu l'intention de faire en
même temps d'eux des débitants de boissons. Bien au
contraire, en raison des inconvénients multiples que peut
susciter la proximité du débit de boissons, l'annexion de
ces établissements aux bureaux de tabacs de ces recettes
n'est actuellement accordée que sous des réserves expressément prévues par les règlements et, pour les recettes importantes (au-dessus de 1.500 francs), par le seul Directeur
Général de l'Administration des Contributions indirectes.
On peut donc dire que ce n'est que par exception que les
receveurs-buralistes peuvent s'établir débitants de boissons ;
il serait dès lors d'autant plus illogique de comprendre ces
sous-agents au nombre des rares privilégiés à qui cette autorisation serait désormais concédée.

A notre avis, il ne devait être apporté de dérogation à la
règle générale qu'en faveur des établissements où les boissons ne sont offertes que comme complément de la nourriture

donnée. Il nous paraît inutile de développer les raisons qui motivent cette dérogation, dont la nécessité n'est, du reste, contestée par personne.

Ajoutons que le législateur a déjà fait un premier pas dans la voie que nous préconisons.

En effet, d'après l'article 8 de la loi du 14 mars 1904 sur les bureaux de placement : « Aucun hôtelier, logeur, restaurateur ou *débitant de boissons*, ne peut joindre à son établissement la tenue d'un bureau de placement. » Et d'après l'article 9 : « Toute infraction... à l'article 8 sera punie d'une amende de 16 à 100 francs et d'un emprisonnement de six jours à un mois, ou de l'une de ces deux peines seulement. Le maximum des deux peines sera appliqué au délinquant lorsqu'il aura été prononcé contre lui, dans les douze mois précédents, une première condamnation aux articles... 8 de la présente loi. Ces peines sont indépendantes des restitutions et dommages-intérêts auxquels pourront donner lieu les faits incriminés. L'article 463 du Code pénal, ainsi que la loi du 26 mars 1891, sont applicables aux infractions indiquées ci-dessus. »

« Nous nous sommes souvenus, disait M. Chambon (*Journal Officiel* du 4 novembre 1903), de certains bureaux qui tenaient des débits comme annexe et qui pompaient les économies de l'ouvrier, non seulement en prenant une commission de placement, mais en le logeant et en l'hébergeant durant le chômage, si bien qu'en peu de temps, le pécule accumulé en prévision du manque de travail se trouvait absorbé tout entier. » Et M. G. Berry ajoutait : « La Commission n'a pas voulu que les boutiques de marchands de vins, pas plus que les hôtels, puissent profiter de la suppression des bureaux de placement pour attirer une clientèle chez eux, car ce serait faire revivre le bureau payant d'une façon déguisée et faciliter le recrutement du personnel des maisons de débauche. »

Nous ferons remarquer, en terminant, que la prohibition

d'annexer un autre commerce à la vente des boissons à consommer sur place existe déjà en Hollande, depuis la loi du 23 juin 1881.

En Ecosse, l'article 2 de l'Act du 15 juin 1859, refuse aux épiciers le certificat nécessaire pour ouvrir un débit.

Un projet de loi allemand, du 20 août 1891, ordonnait la séparation des débits de toute autre industrie.

Enfin, le projet de loi présenté par M. Lejeune, au Sénat belge, en 1898, interdisait, dans son article 11, aux débitants vendant des spiritueux, d'exercer, dans l'immeuble où ils exploitent ce débit, aucun autre commerce de marchand détaillant, si ce n'est le débit de comestibles ou boissons à consommer sur place, à l'exclusion des boissons fermentées contenant plus du 18 % d'alcool.

4° De la fermeture des débits

La réduction du nombre des débits comporte une dernière mesure : la fermeture de ces établissements par décision de l'autorité administrative ou de l'autorité judiciaire.

Sous l'empire du décret du 29 décembre 1851, l'autorité administrative avait, en cette matière, un pouvoir illimité. En effet, d'après l'article 2 de ce décret « la fermeture des établissements désignés en l'article 1 (café, cabaret ou autre débit de boisson à consommer sur place), qui existent actuellement ou qui seront autorisés à l'avenir, pourra être ordonnée, par arrêté du Préfet, soit après une condamnation pour contravention aux lois et réglements qui concernent ces professions, soit par mesure de sûreté publique ».

On sait de quelle façon fut appliqué cet article. Les Préfets, aussi bien ceux de l'ancien régime que ceux des premières années de la Troisième République, prirent, sous les prétextes les plus divers, des arrêtés de fermeture qui, souvent, constituaient de véritables actes de confiscation et de spoliation : les intérêts les plus légitimes étaient lésés et la fortune de gens qui n'avaient démérité qu'en raison de leurs opinions politiques se trouvait impunément anéantie.

Il était donc naturel que le législateur de 1880 réagisse contre de semblables errements. « Même au point de vue purement administratif », disait M. de Sonnier dans son rapport de 1877, « un tel pouvoir est plus dangereux qu'utile, il donne aux fonctionnaires qui en sont investis, des habitudes d'autocratie contraire à l'esprit qui doit les animer, il porte une grave atteinte à la considération de l'Administration en appelant sur ses actes des soupçons toujours fâcheux ».

En conséquence, toute puissance fut retirée à l'autorité administrative, si ce n'est toutefois dans un cas tout spécial et où les abus ne peuvent exister : elle possède en effet le droit — et c'est également un devoir pour elle — de faire immédiatement fermer les débits temporaires ouverts, sans autorisation municipale, à l'occasion d'une foire, d'une vente, ou d'une fête publique (article 10 de la loi de 1880). Par contre, elle ne peut intervenir directement lorsqu'il s'agit de débits ouverts en violation d'un arrêté pris conformément à l'article 9 (zones réservées).

A notre époque, où la politique joue un rôle prépondérant, même dans les plus petites campagnes, l'intervention administrative ne serait pas moins dangereuse qu'elle ne l'était sous l'ancien régime : il ne peut donc être question de mettre un pouvoir plus étendu à la disposition des autorités municipales ou préfectorales.

Aussi considèrerions-nous comme inacceptable toute disposition conçue dans un esprit identique à celui du vœu émis par la Société havraise d'études diverses, dans sa séance du 8 mai 1885 et d'après lequel « l'Administration municipale devrait être autorisée à faire fermer les débits qui ne rempliraient pas les conditions d'hygiène déterminées par un réglement arrêté par un conseil d'hygiène » (1). La plupart des

(1) Chambre des Députés. Séance du 7 juillet 1887. Rapport Gadaud.

municipalités auraient, sans doute, assimilé une semblable disposition à celle de l'article 9 de la loi de 1880, c'est-à-dire n'en auraient pas poursuivi l'exécution. Mais il y a lieu de supposer que celles qui l'auraient appliquée ne l'auraient pas fait de façon impartiale et qu'elles n'auraient eu garde de s'en servir à l'encontre des débitants dont elles auraient eu à redouter les représailles.

Au cas où l'on admet, comme nous, la nécessité de revenir au système de l'autorisation préalable, ne pourrait-on pas confier, toutefois, le droit de fermeture à la commission chargée d'accorder les autorisations ? C'est ainsi qu'aux Etats-Unis, la commission d'autorisation a le pouvoir de retirer la licence, sans qu'il soit permis au débitant évincé de présenter un remplaçant. De même en Angleterre, les juges de paix, lors de la session annuelle (Brewster session), connaissent de toutes les questions relatives au retrait des licences, de tous les faits qui peuvent entraîner la fermeture des débits.

A notre avis, la commission d'autorisation que nous voudrions voir fonctionner en France, ne saurait avoir une pareille compétence.

Autre chose, en effet, est d'examiner si une personne ou un local remplissent les conditions exigées par la loi, autre chose est de prendre une décision aussi grave que celle qui consiste à fermer un débit.

Dans ce dernier cas, il ne s'agit plus d'un simple postulant, mais d'un débitant dans l'exercice de sa profession : lui fermer son établissement, c'est non seulement lui enlever son gagne pain, c'est encore le mettre dans l'impossibilité de récupérer la valeur de son fonds ; c'est, en un mot, provoquer sa ruine. Une mesure aussi redoutable dans ses conséquences n'est pas de celles dont on puisse confier l'application à une commission si indépendante soit-elle.

Lors de la discussion qui suivit, à la Société générale des Prisons, la lecture du rapport de M. G. Vidal, sur *l'alcoolisme*

devant la loi pénale, M. le conseiller Muteau s'exprimait ainsi :
« Je ne vois pas, pour obtenir la réduction des débits, de
moyen plus efficace et plus à l'abri de la critique, que de la
faire résulter d'une condamnation judiciaire. D'une part, il
respecte la liberté de tous en n'atteignant que les contrevenants à la loi ; il respecte le droit de propriété dont aucun
citoyen ne saurait être privé sans indemnité, qu'au cas où il
l'est à titre pénal. D'autre part, absolument impartial, il
échappe à toute accusation, à tout soupçon d'arbitraire (1) ».

Nous partageons entièrement l'avis de M. Muteau : l'autorité judiciaire seule peut être investie du pouvoir d'ordonner
la fermeture des débits de boissons.

Actuellement, la compétence du juge en la matière est des
plus limitées : d'une part, l'article 6 de la loi du 23 janvier 1873
lui donne la faculté de fermer, au maximum pour un mois,
le débit dont le tenancier a subi deux condamnations en
police correctionnelle, pour avoir versé à boire à des gens
manifestement ivres, ou avoir servi des liqueurs alcooliques
à des mineurs de moins de seize ans ; d'un autre côté, la
jurisprudence admet qu'il peut, par application de l'article 161
du Code d'instruction criminelle, prononcer la fermeture de
débits ouverts en violation d'un arrêté municipal, pris en
conformité des dispositions de l'article 9 de la loi du 17 juillet 1880.

C'est que le législateur de 1880 pensait que le droit commun laissait les pouvoirs publics suffisamment armés contre
les méfaits des débitants, et qu'il était dès lors inutile d'é-
dicter contre eux des peines spéciales. Le juge n'a-t-il pas,
en effet, à sa disposition les articles 61 et 248 du Code pénal
(réunion ou recel des malfaiteurs) ; les articles 410, 475 (5°),
478 (jeux de hasard), l'article 477 (4°) confirmé par l'article 5
de la loi du 27 mars 1851 (boissons falsifiées) (2), l'article 479

(1) *Bulletin de la Société générale des Prisons,* Année 1897, p. 470.

(2) Cf. Depuis lors, les lois des 14 août 1889, 11 juillet 1891, 24 juillet 1894,
6 avril 1897, 1ᵉʳ août 1905, 6 août 1905.

(8°) (bruit et tapages injurieux ou nocturnes), textes que viennent encore compléter la loi du 23 janvier 1873 et les prescriptions des règlements de police? Enfin, l'article 7 de la loi de 1880 n'est-il pas une menace constamment suspendue sur la tête du débitant ?

Sans doute, et il n'y aurait rien à ajouter à ces mesures répressives, si nous nous trouvions véritablement dans le domaine du droit commun. Or, en est-il ainsi ?

Le législateur admet, lui-même, que le commerce de la la vente des spiritueux au détail n'est pas un commerce ordinaire, qu'il doit être, au contraire, soumis à une surveillance, à des conditions absolument spéciales. N'est-ce pas sous-entendre que des pénalités particulières doivent atteindre le débitant ?

Le débitant est un homme de lucre, dont les actes sont dirigés par l'intérêt : il faut, en conséquence, le frapper dans cet intérêt.

Et, à ce point de vue, la fermeture judiciaire temporaire des débits est une mesure excellente, sous la réserve, toutefois, que le pouvoir de l'ordonner soit laissé non à l'initiative des juges (il n'est pas à notre connaissance que ces magistrats aient beaucoup usé de la faculté qui leur est concédée par l'article 6 (2ᵉ alinéa) de la loi de 1873), mais que ce soit là pour eux une obligation imposée par la loi.

Cette peine ne devrait pas, du reste, être uniquement réservée aux contrevenants à l'article 6 précité. D'après l'article 116 de la loi italienne du 20 mars 1865, le tribunal a la faculté d'ordonner la fermeture temporaire et même définitive de l'établissement des débitants qui, pour la deuxième fois depuis un an, viennent à être condamnés pour contraventions aux règlements relatifs à la profession de cabaretier. Nous voudrions que le législateur français suive une voie identique et qu'il punisse obligatoirement, à la troisième infraction survenue dans un délai de deux ans (voir ci-après, page 160), de la fermeture temporaire de son débit tout débitant déjà condamné deux fois dans ce délai pour contravention aux règlements relatifs à l'exercice de sa profession.

En ce qui concerne la fermeture définitive des débits, mesure qui nous intéresse plus spécialement, il est évident qu'elle ne devrait être poursuivie que dans des cas particulièrement graves.

Or, quels sont les cas dans lesquels cette mesure devrait être appliquée ?

Il en est un, tout d'abord, qui ne peut soulever de difficulté : c'est celui où le débitant a ouvert un établissement sans se conformer aux prescriptions de la loi, soit qu'il n'ait pas sollicité auparavant d'autorisation, soit qu'il ait installé son débit dans des locaux affectés à d'autres commerces ou situés dans une zone de protection, etc... Le débitant savait quels risques il courait en agissant de la sorte, il ne peut se plaindre de la rigueur de la loi.

Il faut rapprocher de ce cas celui où des individus, ne possédant pas la capacité requise pour être débitants, se sont néanmoins établis en cette qualité.

La loi du 17 juillet 1880, dans son article 8, punit ces infractions d'une amende de 16 à 200 francs et, s'il y a récidive, d'une amende qui peut être portée au double. Le coupable peut être en outre condamné à un emprisonnement d'un jour à un mois.

M. Bérenger, dans ses divers projets de loi, proposait de modifier cet article en édictant, à l'encontre des contrevenants récidivistes, la peine de la fermeture de leurs établissements.

Nous partageons l'opinion de M. Bérenger : ceux qui, n'ayant pas la capacité voulue pour exploiter un débit, ont déjà été punis d'une amende, c'est-à-dire ont déjà reçu un avertissement préalable des suites qu'entraînerait une nouvelle infraction, ne peuvent, en cas de récidive, couvrir leurs actes d'une excuse valable. L'indulgence du législateur à leur égard se comprend d'autant moins, qu'il s'agit d'individus tarés, de professionnels du vice, ou d'anciens débitants déchus : frapper d'une peine bénigne l'infraction qu'ils ont commise sciemment, serait en quelque sorte les encourager à persévérer dans leur entreprise, à tenter, sans crainte d'un dommage excessif, la chance d'une réussite qui sera pour eux une source de bénéfices appréciables.

Nous regrettons, par conséquent, que le nouvel article 10 du projet admis au Sénat, le 5 décembre 1907, ne fasse plus, au juge, une obligation d'ordonner dans ce cas la fermeture, et qu'il lui en laisse seulement la faculté.

M. Bérenger proposait, en outre, l'adoption de la disposition suivante (art. 10, premier alinéa, du projet de 1904) : « tous cafetiers, cabaretiers et autres débitants de boissons à consommer sur place, qui fournissent sciemment à des femmes ou des filles de débauche, employées ou non dans leurs établissements, le moyen de s'y livrer à la prostitution, seront condamnés à un emprisonnement de trois mois à deux ans et à une amende de 100 à 1.000 francs. La fermeture du débit sera ordonnée par jugement ».

Il n'est pas sans intérêt de rappeler le passage suivant, du rapport de M. de Sonnier (1) : « Votre Commission s'est demandée ‑ spécialement si elle devait vous proposer des dispositions pénales contre les débitants qui reçoivent habituellement chez eux des personnes qui font métier de débauche. Mais elle a reconnu que ce serait seulement dans une loi sur la police des mœurs que de telles dispositions pourraient trouver leur place ».

Nous pensons comme M. Bérenger : le but d'une loi sur la réglementation des débits doit être de moraliser ces établissements ; elle doit donc prévoir le moyen de remédier à un mal qui ne va que trop souvent de pair avec l'alcoolisme. Il est du devoir du législateur d'empêcher que la prostitution s'étale aussi impunément qu'elle le fait de nos jours dans des

(1) Annexe n° 846, à la séance du 17 mars 1877.

lieux ouverts à tout venant : la fermeture de semblables établissements nous paraît donc s'imposer (1).

La même mesure devrait, à notre avis, frapper le débitant fraudeur, ainsi que le propose M. Boyer.

L'article 4 du projet de M. Boyer dispose que « tout débit où, dans l'avenir, il aura été dressé au moins cinq procès-verbaux entraînant des condamnations de plus de 600 francs d'amende pour infractions aux lois fiscales ou concernant les fraudes, sera fermé par l'autorité publique. »

« Nous pensons, dit-il, dans l'exposé des motifs de sa proposition de loi (2), qu'il y aurait lieu de profiter des circonstances particulières pour montrer plus de sévérité vis-à-vis de ceux qui, dans un but de lucre, n'hésitent pas à empoisonner leurs concitoyens ou à voler sciemment le Trésor, et qui, par conséquent, ne méritent pas l'intérêt que nous devons aux débitants et aux consommateurs ».

Les pénibles incidents qui se sont déroulés dans le Midi de la France, à la suite de la récolte vinicole de 1906, sont encore trop présents à la mémoire de chacun pour qu'il soit nécessaire d'insister sur le mobile auquel a obéi M. Boyer. Il ne fut pas le seul qui se soit ému, au moment de cette époque de troubles, des malversations des débitants, et il nous semble bon de citer le passage suivant de l'exposé des motifs du projet de loi présenté le 23 mai 1907, à la Chambre des Députés, par M. Caillaux, ministre des Finances, en vue de prévenir le mouillage des vins et les abus du sucrage : « Les peines qui frappent aujourd'hui les débitants fraudeurs ne sont pas assez élevées ; elles ne leur enlèvent qu'une minime partie de leurs bénéfices illicites... Nous croyons que l'on peut aller plus loin et que l'intensité de la crise viticole justifie un châtiment plus sévère pour les

---

(1) Voir page 150, l'article 11 du projet de loi, adopté en première lecture par le Sénat, le 5 décembre 1907.

(2) Chambre des Députés. Annexe n° 781 à la séance du 22 février 1907.

fraudes commises sur les boissons que pour les fraudes commises sur d'autres denrées alimentaires. » (1).

M. Caillaux, toutefois, proposait seulement d'édicter que tout débitant ayant encouru deux condamnations pour fraude fiscale ou commerciale sur les vins, ne pourrait plus exercer sa profession.

Cette mesure, quoique sévère, ne nous paraît pas suffisante : elle n'atteint, du reste, que la fraude sur les vins. Nous serions même plus rigoureux que M. Boyer : le débitant qui, non content de spéculer sur la santé de ses clients, falsifie, dans un but de lucre, les boissons qu'il leur sert, ne mérite aucun ménagement, et nous voudrions que la fermeture de son établissement soit obligatoirement ordonnée à la deuxième infraction pour faits de fraude.

Enfin, la fermeture des débits devrait être prononcée à l'encontre des débitants dont les établissements auraient déjà été fermés temporairement pour contravention à l'exercice de leur profession. Il s'agit là, en effet, de récidivistes, sur le sort desquels il est inutile de s'apitoyer.

—— ε☙ ——

CHAPITRE VII

L'article 9 de la loi de 1880 (Zones de protection)

Il nous reste à examiner un article fort important de la loi du 17 juillet 1880 : l'article 9.

Cet article est ainsi conçu : « Les maires pourront, les Conseils municipaux entendus, prendre des arrêtés pour déterminer, sans préjudice des droits acquis, les distances auxquelles les cafés et débits de boissons ne pourront être

____

(1) *Documents parlementaires*. Députés, 1907, p. 352.

établis autour des édifices consacrés à un culte quelconque, des cimetières, des hospices, des écoles primaires, collèges ou autres établissements d'instruction publique. »

Le législateur, obéissant à des préoccupations de convenance, a voulu par là, ainsi qu'il est dit dans le rapport présenté au Sénat, « prévenir dans certains cas particuliers de voisinage, tout ce qui pouvait choquer la décence publique, devenir une cause de froissement, de scandale ou de trouble ».

Une semblable disposition ne pouvait donner place à la critique ; elle paraissait d'autant plus excellente que, prescrite dans un but essentiellement moralisateur, elle constituait, d'un autre côté, une arme non à dédaigner contre le développement excessif du nombre des débits. Mais les termes mêmes dans lesquelles elle est libellée devaient en faire une disposition inexistante.

La loi dit, en effet : les maires *pourront*. Il s'en suit que l'application de cet article est facultative ; la liberté la plus entière est laissée à ce sujet aux magistrats municipaux. Le législateur avait pensé, avec raison, que nul n'était mieux placé que le maire pour prendre, dans l'intérêt de ses administrés, pareille mesure de protection. Mais si, dès la mise en vigueur de la loi de 1880, les maires, alors magistrats non élus dans les chefs-lieux de canton, d'arrondissement et de département, auraient été mal venus de porter, en se conformant à l'article 9, atteinte au principe de liberté à peine proclamé, l'application de cet article devenait à peu près impossible avec la loi du 5 avril 1884.

Sous la dépendance d'électeurs près desquels l'influence des débitants est indéniable, les maires ont perdu, en grande partie, leur liberté d'action. Ils n'ignorent pas que l'hostilité du commerce des boissons est un obstacle certain au renouvellement de leur mandat et ils préfèrent laisser à d'autres le soin d'apporter des restrictions à l'exercice de ce commerce.

Est-il besoin de montrer, par des exemples, quelle est, à ce point de vue, la situation des maires ?

Si l'on en croit la *Revue Vinicole* du 25 avril 1904, le maire de Lille ayant pris un arrêté d'après lequel il était interdit d'ouvrir des débits à moins de 250 mètres des cimetières, édifices cultuels, hospices et établissements d'instruction publique, déclara ensuite, en séance du Conseil municipal, et après une démarche faite auprès de lui par le Syndicat du Commerce en gros des vins, qu'il ne serait pas donné de suite à cet arrêté.

Nous pourrions citer également une commune de Normandie dans laquelle un débit de boissons étant sur le point d'être ouvert à 20 mètres de l'école, le maire, auprès duquel l'Inspecteur d'Académie s'était empressé de protester, demanda à être saisi de l'incident par le Préfet, sous prétexte que « l'initiative du Maire est toujours interprétée d'une façon plus ou moins désagréable par le Conseil municipal et peut, dans la suite, donner naissance à des tiraillements qui nuisent sérieusement à la bonne administration de la commune ».

Le Ministre de l'Intérieur ayant eu, en 1904, la curiosité d'ordonner une enquête pour se rendre compte de la façon dont était appliqué l'article 9, il fut démontré que, dans près de la moitié des départements, aucun arrêté municipal n'était intervenu en l'objet, et que, dans les autres, le nombre des localités où il en avait été pris, n'atteignait guère plus de mille (1). « Encore faut-il observer, ajoutait M. Clemenceau, dans sa circulaire du 16 mars 1907, que dans ce chiffre les villes ne figurent que pour cinquante environ, parmi lesquelles très peu de chefs lieux de départements ». En ce qui concerne notamment le Calvados, il résulte de documents officiels que nous avons eus sous les yeux, qu'à la fin de l'année 1904 six municipalités seulement avaient usé de la faculté concédée

___

(1) Circulaire du 16 mars 1907. *Bulletin officiel du Ministère de l'Intérieur*, 1907.

par l'article 9. Ce sont celles de :' Loucelles (arrêté du
24 novembre 1880), qui est apparemment l'une des premières
communes de France où l'article 9 ait été mis en vigueur :
la zone de protection est de 50 mètres autour de l'église, du
cimetière et de l'école ; Hérouville (arrêté du 5 février 1888):
30 mètres autour de l'église et des écoles ; Lisieux (arrêté du
22 juin 1901) : 400 mètres autour des édifices cultuels, des
cimetières, des hospices et des établissements d'instruction
publique ; Coupesarte (arrêté du 16 mars 1903) : 200 mètres
autour de l'église et du cimetière ; Magny-le-Freule (arrêté du
18 septembre 1904) : 100 mètres autour de l'église, du cimetière et des écoles ; Esson (date de l'arrêté inconnue) :
200 mètres autour de l'église, du cimetière et des écoles.

Bien avant l'enquête ministérielle de 1904, l'inertie regrettable des municipalités était un fait connu de tous. Déjà
en 1897, le 20 janvier, M. Ferdinand Dreyfus, membre du
Conseil supérieur des Prisons, proposait, au cours de la
séance de la Société des Prisons, de déléguer aux Préfets et
aux Sous-Préfets les pouvoirs appartenant aux Maires (1).
M. Berthélemy, professeur à la Faculté de Droit de Paris,
répondit ainsi à cette proposition : « L'effet sera le même ; s'il
y avait parmi nous un Préfet sincère, il nous dirait que ce
n'est plus guère le Préfet qui administre, sur certains points
au moins, c'est le Député de quartier. A Lyon, ni le Maire
ni le Préfet n'ont osé se servir de leur droit pour fermer un
débit scandaleux, presque une maison publique, ouvert à la
porte même du Lycée. L'article 9 de la loi le leur aurait
cependant permis. Les Préfets, à cet égard, sont aussi impuis-
sants que les Maires (2) ». M. Berthélemy était, peu de
temps avant d'émettre cette opinion, adjoint au Maire de
Lyon. Son avis en la matière a donc une valeur incontestable.

(1) *Bulletin de la Société Générale des Prisons*, année 1897, p. 291.
(2) *Bulletin de la Société Générale des Prisons*, année 1897, p. 293.

De nos jours, la situation des Préfets n'a pas changé : ils sont, comme en 1897, à la merci des Députés, lesquels ont, de leur côté, tout à redouter du commerce des boissons. C'est ainsi qu'au moment des dernières élections législatives, la *Revue Vinicole*, dans son numéro du 19 avril 1906, conseillait au commerce des boissons de n'accorder son vote « qu'à des candidats qui, à une lettre du Syndicat vinicole de leur région, répondront par une lettre dans laquelle ils s'engageront formellement à ne pas voter, pour quelques motifs que ce soit, des charges nouvelles... Les candidats qui refuseront de prendre cet engagement par écrit devront être impitoyablement combattus et, si la caisse syndicale le permet, démasqués publiquement par voie d'affiche... Les électeurs apprécieront et les débitants, qui ne sont pas sans influence électorale, sauront ce qu'ils devront faire... Les députés sortant de leurs comités n'ont jamais eu à se plaindre de la lésinerie du commerce des boissons... Quand on a fait certaines promesses on doit les tenir, surtout quand on a reçu des dons, des largesses, de l'argent en un mot, en vue de la réalisation de ces engagements... »

Du reste, les Préfets n'ont-ils pas, depuis la loi du 5 avril 1884, le droit de prendre pour toutes les communes de leur département ou plusieurs d'entre elles, et dans tous les cas où il n'y aurait pas été pourvu par les autorités municipales, toutes mesures relatives au maintien de la salubrité, de la sûreté et de la tranquillité publique (art. 99). A Paris même, le Préfet de police est catégoriquement investi de la faculté de poursuivre l'application de l'article 9. Malgré ce pouvoir, les Préfets ont suivi l'exemple des maires : pour eux aussi l'article 9 est resté inexistant. Et sans doute jamais aucun d'eux n'en aurait fait usage si n'était intervenue, le 16 mars 1907 (1), à la suite d'une démarche faite à ce sujet par les Présidents des Commissions extraparlementaires

(1) A sa date : *Bulletin Officiel du Ministère de l'Intérieur*, 1907.

antialcooliques des Chambres, la circulaires de M. Clemenceau, circulaire dont nous avons eu l'occasion de citer déjà plusieurs extraits et dont il nous parait utile de reproduire les derniers paragraphes :

« Vous voudrez bien, pour vaincre l'inertie des municipalités, provoquer de tous les Conseils municipaux de votre département, lors de leur prochaine session, une délibération relative à l'application dudit article, en les invitant à se prononcer pour l'affirmative, ou, s'ils ne croyaient pas devoir s'y résoudre, à exposer d'une *manière tout à fait explicite* les motifs pour lesquels ils estiment qu'il n'y a pas lieu d'user de la faculté prévue par la loi.

« Vous leur ferez remarquer que leurs résolutions favorables ne sauraient porter préjudice aux débitants actuels, puisque, aux termes de l'article 9, les drois acquis, c'est-à-dire ceux qui résultent de l'existence des débits régulièrement ouverts, demeurent entièrement sauvegardés.

« Il serait désirable, d'un autre côté, que, pour présenter une certaine efficacité, l'arrêté du maire déterminant le périmètre de prohibition pour l'établissement de nouveaux débits visât tous les édifices énumérés par l'article 9 et non pas seulement une catégorie d'entre eux comme l'ont trop souvent décidé les municipalités ».

Conformément à ces instructions, chaque Préfet mit en demeure les Maires de son département d'inviter leur Conseil Municipal à prendre, dans sa plus prochaine réunion, une délibération spéciale par application de l'article 9.

Pour le département du Calvados, les limites d'ouverture déterminées par les Conseils Municipaux varient entre 10 mètres (Saint-Pierre-Canivet : délibération du 13 juin 1907) et 4 kilomètres ! (Ouilly-le-Vicomte : délibération du 16 juin 1907). Il est à peine besoin d'ajouter que les Municipalités ayant appliqué de cette dernière façon l'article 9 ont dû se réunir à nouveau pour déterminer des limites plus acceptables. Nous avons remarqué, en outre, qu'un nombre important de Conseils Municipaux de ce département n'a pas cru devoir appliquer cet article. Le motif généralement invoqué est, qu'étant donné la disposition des édifices publics, il ne resterait plus aucun endroit disponible pour l'ouverture des débits. Deux Conseils (Amayé-sur-Seulles, 16 mai 1907 ; Saint-Louet sur-Seulles, 4 juin 1907) se sont abstenus parce qu'il n'existait qu'un seul débit dans la commune ; une autre (Villy-Bocage, 31 mai 1907) a déclaré qu'il n'était pas nécessaire de prendre d'arrêté !

Il a fallu, pour que l'article 9 soit appliqué, que le Gouvernement en intime l'ordre à ses représentants : et cette ingérence même est une condamnation de cet article, tel qu'il est actuellement libellé. Elle montre également, ce que nous avons du reste affirmé à diverses reprises, que les dispositions relatives à la réglementation des débits de boissons ne peuvent produire d'effet que si la loi se substitue complètement aux autorités administratives, ne laissant à ces dernières que la charge d'en poursuivre obligatoirement l'exécution et le droit d'intervenir dans les questions de détail, qui ne peuvent être prévues dans un texte général.

Mais, nous objectera-t on, en quoi serait-il désormais utile d'apporter des modifications au libellé de l'article 9 ? Des arrêtés municipaux n'ont-ils pas été pris par la plupart des Maires et, d'un autre côté, si l'on admet notre théorie sur la limitation, les zones de protection ne peuvent être d'aucun secours pour arriver à la réduction du nombre des débits ?

Nous répondrons, d'abord, qu'il est encore un nombre assez considérable de municipalités qui n'ont pas jugé urgent de se conformer à la mise en demeure de M. Clemenceau et pour lesquelles, dès lors, l'article 9 est toujours inexistant, et ensuite, qu'en dehors de toute idée de limitation, la nécessité de zones de protection autour de certains immeubles, s'impose dans un but exclusif de moralité.

Nous voudrions donc, en premier lieu, que les mots « les Maires *pourront* » soient remplacés par les suivants : « les

Maires, et à leur défaut les Préfets, *devront* » ; il serait mis ainsi obstacle pour l'avenir au rôle prépondérant des influences politiques.

En second lieu, et bien que nous pensions, comme le législateur de 1880, qu'il faut restreindre le plus possible la liste des immeubles protégés, nous considérons, cependant, que l'énumération de l'article 9 est trop limitative.

Nous proposerions d'établir également une zone de protection autour des casernes. A la vérité, l'autorité militaire peut interdire la fréquentation des débits considérés comme dangereux pour la santé des soldats. Mais, outre qu'en général peu de débits sont frappés d'interdiction, il est des exemples (1) où de semblables mesures ont dû être rapportées sur la demande expresse d'influences politiques. Le législateur agirait donc sagement en modifiant en ce sens l'article 9. Ce serait rendre un service très grand aux jeunes hommes livrés à eux-mêmes, que de faire disparaître, pour eux, la tentation des débits louches qui pullulent aux portes des casernes, et où se débitent, en même temps que des boissons frelatées, l'amour funeste des prostituées de bas étage.

Nous croyons, enfin, qu'il serait désirable de comprendre dans l'énumération de l'article 9 les usines et les quartiers ouvriers. Car, ainsi que l'exposait un ouvrier forgeron devant la Commission Royale qui fonctionna, de 1890 à 1892, au Canada en vue de rechercher les moyens pratiques de combattre l'alcoolisme, « il y a des hommes qui, réellement, dans leur cœur, désirent se modérer ou s'abstenir, mais ils ont le goût de la boisson, la force leur manque, et si l'alcool est mis à leur portée, ils succombent. » (2) Remarquons, du reste, qu'une semblable mesure — due à l'initiative des particuliers — existe déjà dans certains milieux miniers : c'est

---

(1) Cf. *Figaro*, du 15 avril 1889.

(2) D' Triboulet. *Voyage de mission au Canada*. (Cf. *Etoile Bleue* n° de juin 1907).

ainsi que, dans le Pas-de-Calais, la Société des mines de Lens interdit formellement l'ouverture des débits dans les corons.

On peut enfin se demander s'il n'appartient pas au législateur de fixer lui-même l'étendue de la zone de protection. Convient-il de suivre l'exemple de l'État de New-York (1), ou du Chili (2), qui interdisent l'établissement des débits le premier à moins de 200 yards des écoles et des églises, le second à moins de 220 yards des églises, écoles, institutions charitables et prisons, ou simplement d'adopter une disposition identique à celle que proposait M. Lejeune (art. 22 de son projet) et d'après laquelle « le Gouvernement désignera les édifices affectés à un service public aux abords desquels, *dans un rayon qu'il fixera*, la dispense prévue par l'article 19 (création de nouveaux débits) ne sera accordée pour aucun café, estaminet ou cabaret. »

Il nous semble préférable de laisser aux Municipalités — mises dans l'obligation de créer une zone de protection — le soin de délimiter cette zone en tenant compte de la situation des immeubles protégés : c'est là en effet une question de détail qu'il est impossible à la loi de résoudre. Nous demanderions, du moins, qu'un extrait des délibérations des Conseils municipaux prises en l'objet soit communiqué à la Commission d'autorisation, laquelle pourrait présenter au Préfet les observations qu'elle jugerait utiles et demander, le cas échéant, l'annulation de ces délibérations.

---

(1) *La lutte contre l'Alcoolisme aux Etats-Unis. Revue Scientifique*, 30 mars 1895).

(2) *Annales antialcooliques*, octobre 1904.

Deuxième Partie

Réglementation relative au fonctionnement des Débits de Boissons

Nous venons d'examiner les règles auxquelles, à notre avis, devraient être subordonnées l'ouverture et l'existence des débits de boissons ; nous nous trouvons désormais en présence d'établissements remplissant toutes les conditions imposées par la loi : la tâche du législateur doit-elle être considérée comme terminée ?

Évidemment non. S'il est nécessaire de soumettre à des règles spéciales l'ouverture et l'existence des débits, à plus forte raison leur fonctionnement comporte-t-il une réglementation particulière dont l'étude va faire l'objet de cette seconde partie.

Nous y traiterons successivement : des heures d'ouverture et de fermeture ; de l'emploi des femmes ; des ivrognes et des mineurs de seize ans ; du paiement des salaires ; de la vente à crédit ; des attractions et des cafés-concerts.

CHAPITRE PREMIER

Des · heures d'ouverture et de fermeture des Débits de Boissons

Lieux de réunion largement ouverts à la foule des consommateurs, les débits de boissons sont une menace constante pour le bon ordre, la tranquillité et la sécurité publics ; il est donc nécessaire que la surveillance de la police puisse s'y exercer d'une façon continue et, par suite, ces établissements doivent cesser de fonctionner dès que cette surveillance devient par trop difficile. De là l'utilité de déterminer les heures durant lesquelles les débits peuvent rester accessibles au public.

C'est au Préfet qu'il appartient actuellement, en vertu de la loi du 5 avril 1884, de fixer dans chaque département, par voie d'arrêté, les heures d'ouverture et de fermeture des débits de boissons. L'arrêté préfectoral peut ne viser qu'un certain nombre de communes, mais, de façon générale, il s'étend presque toujours au département tout entier.

De leur côté, les maires peuvent, en l'absence d'arrêté préfectoral, prendre, en l'objet, des arrêtés municipaux (art. 91, 97 de la loi de 1884). Ils possèdent également cette faculté alors qu'il existe un arrêté préfectoral réglementant toutes les communes du département ; mais, dans ce cas, les dispositions de leurs arrêtés ne sont valables qu'autant qu'elles ne sont pas en contradiction avec celles de l'arrêté préfectoral, et qu'elles peuvent être conciliées avec ces dernières.

Le pouvoir administratif a donc toute latitude, en France, pour réglementer les heures d'ouverture et de fermeture des débits de boissons. Un pareil système doit-il être considéré comme satisfaisant, ou, au contraire, ne soulève-t-il pas des critiques justifiées ?

A notre avis, le pouvoir réglementaire des Préfets présente, en matière de débits de boissons, de sérieux inconvénients.

Chaque Préfet étant libre d'édicter les mesures qu'il lui paraît à propos de prendre, il en résulte tout d'abord une diversité de décisions tout au moins singulière ; de cette façon, en effet, des départements faisant partie de la même région, ayant les mêmes coutumes, se trouvent soumis à des réglementations différentes. Prenons par exemple les départements normands — et limitrophes — du Calvados et de l'Eure (1).

Les débits ne peuvent être ouverts, dans le premier, avant le jour et, en aucun cas, avant six heures du matin du 1er octobre au 31 mars, et avant cinq heures du 1er avril au 30 septembre ; dans le second, avant le jour, que ce soit en été ou en hiver.

Dans le Calvados, les débits doivent être fermés au chef-lieu du département à minuit, en toutes saisons; dans les chefs-lieux d'arrondissement et de canton, et dans les communes comptant au moins 1.500 habitants, à onze heures en toutes saisons; dans les autres communes, du 1er avril au 31 octobre, à dix heures du soir et, du 1er novembre au 31 mars, à neuf heures du soir. Dans l'Eure, ils doivent être fermés en toutes saisons, dans les villes et chefs-lieux de canton, à onze heures du soir et à dix heures dans les autres communes.

Les prolongations d'ouverture les jours de foire, de fêtes locales, de concert public, de théâtre, sont accordées dans le Calvados par les maires; dans l'Eure, elles ne peuvent l'être que par le Préfet ou les Sous-Préfets.

(1) Arrêtés du Préfet du Calvados du 8 Novembre 1905 ; du Préfet de l'Eure, du 20 Novembre 1885.

Le jour de la Fête Nationale, les débitants du Calvados peuvent, sans autorisation préalable, laisser leur établissement ouvert la nuit entière ; ceux de l'Eure ne le peuvent que s'il intervient en ce sens une décision préfectorale.

Ainsi, le débitant de l'Eure est soumis à un régime plus sévère que le débitant du Calvados, et le consommateur du Calvados a la facilité de s'alcooliser quelques heures de plus que le consommateur de l'Eure. Et il est d'autant plus difficile de donner une explication de cette différence de situation, que, des deux départements mis en parallèle, c'est justement celui où l'alcoolisme sévit avec le plus d'intensité qui est traité avec le moins de rigueur.

Si, généralisant l'exemple que nous venons de citer, nous prenons deux régions quelconques de la France, il nous semble tout aussi difficile de trouver un motif plausible à l'application, dans chacune de ces régions, d'une réglementation différente. Au nord et au sud, à l'est et à l'ouest, le débit présente les mêmes dangers, soulève les mêmes critiques, est la cause des mêmes scandales. En ce qui concerne la fréquentation des débits, les usages sont partout identiques et partout ils sont également néfastes ; une règle unique s'impose et c'est au législateur qu'il appartient d'en déterminer la portée en restreignant le plus possible la durée journalière de l'exploitation alcoolique.

Ce n'est pas, du reste, à ce seul point de vue qu'il nous semble utile de retirer aux Préfets leur pouvoir réglementaire : les arrêtés préfectoraux sont, en outre, d'une application souvent illusoire, et les prohibitions qu'ils renferment sont par trop limitées.

Il est de notoriété publique que les arrêtés préfectoraux relatifs aux heures d'ouverture et de fermeture des débits de boissons, sont interprétés de la façon la plus large par ceux qui sont chargés d'en faire respecter les dispositions. Dans les villes, surtout, la tolérance est extrême : il suffit au débitant de clore sa devanture à l'heure fixée pour être considéré, la plupart du temps, comme étant en règle avec la police. Et celle-ci ne se décide à verbaliser que dans le cas où des consommateurs troublent la tranquillité publique par des chants ou des cris prolongés. Bien plus, certains établissements, communément désignés sous le nom de cafés de nuit, restent quotidiennement ouverts jusqu'à une heure fort avancée de la nuit sans la moindre autorisation préfectorale (1). Nul ne l'ignore, la police moins que personne : pourtant elle n'intervient pour dresser contravention que si un incident retentissant la met dans l'obligation stricte de sévir.

Et, pour quiconque est au courant des choses politiques, ce peu de vitalité des arrêtés préfectoraux s'explique aisément. En leur qualité de représentants des pouvoirs publics, les Préfets ont le devoir d'édicter toutes les mesures qui leur paraissent propres à maintenir l'ordre et la tranquillité générale. Mais, comme hommes politiques, ces hauts fonctionnaires sont tenus de compter avec les influences nombreuses qui viennent à chaque instant les assaillir de leurs recommandations. Et force leur est, pour éviter des ennuis multiples, de conseiller une sage prudence aux autorités chargées de veiller à l'exécution de leurs arrêtés.

En matière de débits de boissons, la situation est en effet particulièrement délicate, puisque, d'une part, les débitants possèdent une puissance électorale non discutable, et que, d'autre part, les consommateurs qui fréquentent tardivement les établissements de nuit sont eux-mêmes, fort souvent, des gens qu'il est préférable de ne pas inquiéter.

Quant aux municipalités elles ont, de leur côté, tout intérêt à ne pas mécontenter leurs administrés. Elles évitent d'ailleurs de le faire avec un tel soin, que nous pourrions citer

(1) D'après la jurisprudence admise par le Conseil d'État, les autorisations permanentes accordées à certains cafés (cafés de nuit, cafés situés près des théâtres), sont irrégulières parce qu'elles établissent des distinctions entre des débitants placés dans les mêmes conditions.

quelques communes dans lesquelles le Conseil municipal s'est réuni extraordinairement, à seule fin de « protester contre l'application avec une rigueur regrettable », d'un arrêté préfectoral sur la police des débits. Il s'agissait de procès-verbaux dressés, par la gendarmerie, contre des débitants qui avaient laissé leurs établissements ouverts après l'heure réglementaire. Sans doute, ces débitants comptaient-ils parmi les gros électeurs de la localité, et comme tels étaient-ils à ménager.

La situation que nous venons de signaler restera la même tant que le législateur ne sera pas intervenu, dégageant la responsabilité des Préfets et des Municipalités et laissant, du même coup, à la police plus de latitude dans la répression des contraventions.

Nous avons dit, enfin, que les prohibitions résultant des arrêtés préfectoraux étaient par trop limitées. Nous avons en nous exprimant ainsi commis une erreur : les arrêtés préfectoraux n'édictent en réalité qu'une seule prohibition, celle pour les débits, de rester ouverts quotidiennement, sauf de rares exceptions, durant une partie de la nuit. Faut-il en conclure que c'est uniquement pendant certaines heures de la nuit que la tranquillité et la sécurité publiques peuvent être troublées et qu'il n'existe pas de circonstances spéciales où il y aurait tout intérêt à fermer momentanément, au cours de la journée, les débits ? Il suffit de regarder ce qui se passe à l'étranger pour se convaincre du contraire.

A notre avis, c'est donc au législateur qu'il appartient d'établir, en la matière qui nous occupe, des règles d'application générale.

Tout d'abord, la détermination des heures de fermeture ne saurait soulever de difficultés. On pourrait admettre, ainsi que le dispose l'article premier de l'arrêté du Préfet du Calvados du 8 novembre 1905, que les débits doivent être fermés au chef-lieu des départements à minuit en toutes saisons, dans les chefs-lieux d'arrondissement et de canton et dans les communes comptant au moins 1.500 habitants agglomérés à 11 heures en toutes saisons ; dans les autres communes, du 1er avril au 31 octobre, à 10 heures du soir, et du 1er novembre au 31 mars, à 9 heures du soir. Toutefois, dans les communes sièges de stations balnéaires ou thermales, les débits pourraient, par exception, ne fermer qu'à minuit pendant toute la durée de la saison (1).

Dans certains pays étrangers (2), l'heure ordinaire de fermeture est avancée les veilles de dimanches et de jours de fêtes : c'est ainsi qu'en Norwège (loi du 3 juin 1871), les débits qui, régulièrement, sont fermés à 8 heures, doivent l'être en ce cas à 5 heures du soir. Il serait à désirer qu'une mesure identique fût adoptée en France : les ouvriers ne seraient pas, de la sorte, tentés d'aller dépenser au cabaret une partie du salaire qu'ils viennent de recevoir.

En ce qui concerne les heures d'ouverture, nous considérons celles généralement admises, 5 heures en été, 6 heures en hiver, comme trop matinales.

La rentrée des ouvriers est, pour le débitant dont l'établissement est situé à proximité ou sur le chemin des usines et des ateliers, un des meilleurs moments de la journée, celui où il n'arrive qu'avec peine à servir ses clients. Cela ne vaut rien, prétendent ces ouvriers, de se mettre à l'ouvrage avec l'estomac vide, et ils absorbent de l'alcool « pour tuer le ver ». Les médecins ont essayé, mais en vain, de montrer quels effets désastreux produisait sur l'organisme l'alcool pris à jeun : c'est là une habitude, chère à la masse des travailleurs, que le législateur a seul le pouvoir de faire disparaître.

Au début de l'année 1900, le baron de Hammestein, gou-

<hr>

(1) En Angleterre, la loi de 1874 règle de la façon suivante les heures de fermeture des établissements où se vendent des boissons alcooliques : à Londres, tous les jours de la semaine, à minuit et demi, sauf le samedi (minuit) ; dans les villes et centres populeux, à 11 heures ; dans tous les autres districts, à 10 heures.

(2) G. VIDAL, op. cit.

verneur de la Lorraine, prenait un arrêté, qui reçut par la suite l'approbation du Gouvernement allemand, interdisant d'ouvrir les débits avant 8 heures du matin (1). En Norwège, depuis la loi du 3 juin 1871, ces établissements ne peuvent être également ouverts avant 8 heures ; bien plus, il ne peut y être débité, entre 8 et 9 heures, que du lait du café, du thé ou du chocolat (2). Pourquoi n'en serait-il pas ainsi en France ?

On nous objectera que bon nombre d'ouvriers prennent le matin, au débit, non de l'alcool, mais des aliments ou des boissons non-alcooliques chaudes ; édicter une semblable mesure sera contraindre ces ouvriers à commencer leur travail sans avoir absorbé aucun réconfortant. Il sera facile au législateur de prévenir cette objection en autorisant l'ouverture avant la rentrée des ouvriers, à 5 heures en été, à 6 heures en hiver, des débits où il n'est vendu que des boissons hygiéniques. La seule difficulté — et elle ne serait pas insurmontable — consisterait à empêcher ces établissements de débiter également des boissons alcooliques.

Il est évident que la détermination, par la loi, des heures d'ouverture et de fermeture des débits ne saurait mettre obstacle à la faculté qui appartient aux Maires de fixer, par arrêté, des heures moins matinales ou moins tardives, dans l'intérêt du bon ordre et de la tranquillité publics. « Le seul moyen pratique de ramener le calme et la tranquillité sur ce point de la ville (Place Hamelin) », lisons-nous dans un arrêté du Maire d'Honfleur, en date du 6 septembre 1891, « consiste dans la fermeture des établissements publics à une heure moins tardive (minuit). » De son côté, le Maire de Villerville, eu fixant, en 1894, à 11 heures au lieu de minuit, l'heure de la fermeture des débits de la commune, exposait que cette mesure « était réclamée par toutes les femmes des mariniers

(1) Cité par GRÉBAULT. *De l'Alcoolisme dans ses rapports avec la criminalité.*
(2) G. VIDAL, op. cit.

qui voient avec peine leurs maris et leurs fils s'attarder si longtemps dans ces lieux publics » et qu'elle aurait pour effet « d'éviter en partie les disputes et les tapages qui résultent d'un trop long séjour dans les débits. » Il est inutile d'ajouter que nous désirerions voir intervenir dans toutes les communes de semblables arrêtés.

Les restrictions dont nous venons de parler sont-elles les seules qu'il soit du devoir du législateur d'établir ?

La plupart des législations étrangères (Russie, Angleterre, Belgique, Danemark, Allemagne, Suède, Norwège, etc.) obligent les débitants à fermer leurs établissements, la journée entière ou simplement quelques heures, les dimanches et jours de fêtes.

Cette mesure, prise dans un but religieux, a été longtemps en vigueur en France. Une ordonnance royale du 16 décembre 1698 prescrivait aux cabaretiers de fermer boutique pendant toute la durée des services divins : grand'messe et vêpres. Supprimée par la loi du 7 vendémiaire an VII, puis rétablie par la loi du 18 novembre 1814, cette interdiction disparut définitivement de notre législation le 12 juillet 1880.

Si nos mœurs actuelles mettent obstacle à ce que la fermeture des débits soit subordonnée à une raison d'ordre religieux, la question peut du moins être reprise sous une autre forme : celle du repos hebdomadaire.

Nous avons, depuis le 13 juillet 1906, une loi établissant le repos hebdomadaire en faveur des employés et des ouvriers.

La fermeture des débits le dimanche était un moyen tout indiqué pour atténuer les dangers que l'alcoolisme fait courir à la masse des travailleurs : on pouvait, par suite, supposer que ces établissements seraient tout au moins soumis à la règle commune qui est d'imposer le dimanche comme jour de repos à la presque totalité des branches du commerce et de l'industrie, d'autant plus que cette loi avait eu, comme promoteurs, des socialistes, adversaires convaincus de l'alcoolisme.

C'est cependant l'inverse qui s'est produit : les débits ont été compris parmi les établissements admis *de droit* à donner le repos hebdomadaire par roulement, le législateur ayant considéré que leur fermeture le dimanche serait « préjudiciable au public » et qu'elle « compromettrait le fonctionnement normal de ces établissements ». (Discussion de la loi.)

Ces raisons nous paraissent singulières. En quoi la fixation du dimanche comme jour de repos peut-elle compromettre le fonctionnement normal des débits, alors qu'elle n'entraîne aucun inconvénient grave dans le fonctionnement de la plupart des autres établissements industriels ou commerciaux ? Mais, nous dit-on, il y a lieu de tenir compte du préjudice causé au public ?

Le législateur nous semble avoir interverti le rôle des facteurs en présence. Si un préjudice peut être causé au public ce n'est pas par la fermeture, le dimanche, des débits de boissons, mais bien au contraire par leur libre fonctionnement ce jour-là. Nous ne supposons pas que le repos hebdomadaire ait été établi pour permettre aux employés et aux ouvriers de faire, le dimanche, de longues stations au débit. « Les médecins, les hygiénistes, disait M. Berry dans son rapport sur le projet Zevaès (Députés, 1902, Annexe 2881, p. 21), font un devoir à la Société d'accorder ce repos. Et ils proclament chaque jour que si les pouvoirs publics n'interviennent pas au plus tôt, c'est l'étiolement de la race, c'est l'anémie et la tuberculose, doublant, triplant leurs ravages dans le rang du prolétariat ».

Or, que déclarent ces mêmes médecins, ces mêmes hygiénistes relativement au cabaretisme et à ses conséquences : que l'alcoolisme, né de la fréquentation habituelle du débit, est une grave menace pour la vitalité de la race, qu'il est le canal par où s'introduisent les maladies les plus pernicieuses, que son intensité toujours croissante nécessite une prompte intervention de nos gouvernants. La fermeture des débits le dimanche était donc un corollaire obligatoire de la loi sur le repos hebdomadaire, laquelle, telle qu'elle est actuellement libellée, ne constitue qu'une demi-mesure. Le législateur ne préserve, en effet, le prolétariat que d'un danger, mais il l'abandonne à sa propre faiblesse en face de l'alcoolisme, il laisse son oisiveté nonchalante aux prises avec les tentations multiples tissées avec art par le débitant.

M. G. Berry rappelait, dans son rapport, que la Cour suprême des Etats Unis ayant eu à examiner la validité d'une disposition d'une loi sur le repos hebdomadaire, l'avait ratifiée pour ce motif : « que cette loi était un règlement de police en vue de protéger la santé et la moralité publiques pour le bien national ». La fermeture des débits le dimanche se justifie pour les mêmes raisons. L'ouvrier a un penchant immodéré pour la boisson ; si l'on veut que ses jours de liberté soient réellement des jours de repos, des jours réservés aux devoirs et aux joies de la famille, au délassement du corps et de l'esprit, il faut faire disparaître tout moyen de contenter ce penchant. Les ménages deviendront plus unis, et l'on n'aura plus, à la ville et à la campagne, le triste spectacle de gens ivres se traînant lamentablement les soirs de dimanches.

Il est à peine besoin d'ajouter que des motifs identiques nécessitent la fermeture des débits les jours de fêtes. Dans la plupart des pays étrangers, cette prohibition existe même le jour de la fête nationale. Il serait à désirer qu'il pût en être ainsi chez nous : la célébration d'un anniversaire glorieux doit revêtir un caractère de solennité et de grandeur qui exclut toute idée de désordre et de trouble.

Il est enfin des circonstances dans lesquelles il ne serait pas sans utilité d'ordonner la fermeture des débits. Aux États-Unis, en Hollande, en Norwège, au Chili, etc., les débits ne peuvent rester ouverts les jours d'élection ; en Hollande (1), s'il est nécessaire de tenir une réunion publique dans les

(1) Dox, op. cit.

débits, la vente des boissons y est interdite deux heures
avant et après la réunion.

Nous devons avouer que nos coutumes électorales ne justi-
fieraient malheureusement que trop l'établissement d'une
semblable mesure. C'est au débit que se préparent en grande
partie les élections, et, si ce n'est pas toujours au débit que
se font les réunions préparatoires, du moins c'est toujours
dans ces établissements que, les réunions terminées, le
candidat et ses électeurs fraternisent le verre en main ; et
souvent un toast porté avec à propos fera davantage pour le
résultat d'une élection qu'un discours sensé et éloquent.
Le jour du scrutin venu, c'est encore au débit que, sous
l'action de l'alcool, les dernières hésitations sont victorieusement combattues et que s'établissent définitivement les
convictions du gros public. Et c'est enfin au débit que se
fête, au milieu des cris et du tumulte, le succès de l'élu.

L'alcool est donc passé chez nous au rang de grand électeur : nous ne croyons pas devoir insister davantage sur la
nécessité de réagir contre cet état de chose. Remarquons
d'ailleurs que nos assemblées départementales commençent
à s'inquiéter de la question. C'est ainsi que le Conseil général
du Finistère adopta à l'unanimité, dans sa session d'avril 1907,
ce vœu : « que la fermeture des cabarets soit ordonnée et
toute distribution de boissons interdite pendant la journée
des élections. » (2).

Nous croyons qu'il serait également désirable d'ordonner
la fermeture des débits pendant les périodes de troubles, de
manifestations, de grèves. L'alcool donne en effet aux crises
auxquelles sont sujettes les foules un caractère d'acuité
singulièrement dangereux et qu'il y a d'autant plus lieu de
prévenir qu'il peut en résulter les pires catastrophes. C'est à
cette considération que le législateur allemand obéit en
donnant à l'Administration compétente le pouvoir de fermer,

(2) *Etoile Bleue*. — Mai 1907.

en cas de nécessité et aussi longtemps qu'elle le juge utile, tous les débits situés dans un rayon qu'elle détermine.

Enfin, il est des législations étrangères, celle de Hollande notamment, qui prévoient la possibilité de fermer les débits les jours où l'on procède aux opérations de recrutement des jeunes soldats. En France, la question a perdu de son importance depuis la suppression du tirage au sort ; le législateur ne ferait pas moins acte de prudente administration en prescrivant la fermeture des débits situés dans les chefs-lieux de canton durant quelques heures après la fin des opérations des Conseils de révision.

Quant à la poursuite des infractions aux dispositions relatives aux heures d'ouverture et de fermeture des débits, elle ne peut soulever de difficultés si ce n'est toutefois en ce qui concerne l'entrée de la police dans ces établissements pendant la nuit.

Or, si l'article 9 de la loi du 22 juillet 1791 décide que les officiers de police peuvent toujours entrer dans les débits, d'un autre côté, l'article 76 de la Constitution du 22 Frimaire an VIII, place la demeure des débitants sous le privilège de l'inviolabilité du domicile. Il résulte de la combinaison de ces articles — et cela est admis de tous (1) — que la police ne peut s'introduire nuitamment dans les débits qu'autant que ces établissements sont ouverts, à moins toutefois de cas exceptionnels prévus par la loi, de réclamation faite de l'intérieur, ou encore (2) si l'on constate de l'extérieur des circonstances de nature à faire présumer qu'il y a infraction à la défense de recevoir des consommateurs ou de les retenir après l'heure de la fermeture.

Il ne peut être question d'étendre, dans de larges proportions, les pouvoirs dont dispose actuellement la police en l'objet ; il nous semble cependant que le législateur ne porte-

---

(1) Cf. COURCELLE. *Répertoire de police administrative* — 1899 — aux mots : cafés, cabarets, débits de boissons.

(2) CASSATION, 22 Novembre 1872, n° 284.

rait aucune atteinte grave au principe de l'inviolabilité du domicile en donnant, à cette police, le droit de pénétrer dans les débits, en dehors de toute circonstance exceptionnelle, pendant un délai qui ne pourrait excéder une demi-heure après l'heure de la fermeture. L'adoption de cette mesure, dont l'application pourrait entraîner la création de rondes de nuit dans les débits, rendrait le plus grand service au point de vue du bon ordre et de la tranquillité publics.

CHAPITRE II

De l'emploi des Femmes dans les Débits de Boissons et de la fréquentation de ces Établissements par des Femmes de débauche

Dans un article sur « *l'Alcoolisme et ses remèdes* (1) », M. Bourcart, professeur à la Faculté de Droit de Nancy, s'exprimait de la façon suivante : « Il y a un courant continu de l'intempérance alcoolique à la débauche et de la débauche à l'alcoolisme. Le mutuel appui qu'ils se prêtent n'apparaît nulle part plus clairement que dans ces cafés ou cabarets qui procurent les éléments de la débauche et de la prostitution et réciproquement dans ces lieux de prostitution ou de débauche qui offrent les ressources des cabarets. On trouve là l'exploitation raisonnée des défaillances humaines. Chacune de ces inclinations vicieuses attise l'autre. En permettre la réunion et en tolérer la satisfaction dans un même endroit, marque une imprévoyance impardonnable et un incompréhensible mépris de la santé physique, intellectuelle et morale ».

(1) *Revue politique et parlementaire*, n°ˢ de janvier et février 1896.

L'observation de M. Bourcart n'est que trop réelle : souvent le débit de boissons dégénère en lieu de débauche et en foyer de prostitution.

Il en a été ainsi de tout temps : à Athènes et à Rome, les débits étaient des établissements de vice clandestin, tenus pour la plupart par des prostituées de bas étage ; au Moyen-âge, la fréquentation des tavernes n'était pas davantage recommandable et l'on sait les scènes scandaleuses qui se déroulèrent, sous le règne de Louis XV, dans les cabarets où nobles dames et gentilshommes venaient s'encanailler honteusement.

De nos jours, la moralité des débits ne s'est guère améliorée et nombreux sont les débitants qui se servent de la prostitution comme d'un appât pour attirer la clientèle, soit qu'ils fassent assurer de façon régulière le service par un personnel féminin, soit qu'ils permettent la libre fréquentation de leur établissement à des femmes de mauvaises mœurs et leur laissent toute latitude dans l'exercice de leur triste métier.

Nous n'insisterons pas sur les dangers moraux et physiques qui découlent de l'introduction des femmes dans des lieux aussi publics que le sont les débits ; il nous suffira de faire remarquer que, si l'emploi d'un personnel féminin revêt des dehors d'une décence relative, ses effets sont aussi redoutables, sinon plus pernicieux, que ceux de la prostitution étalée au grand jour. Notre intention est seulement de montrer la nécessité de l'intervention du législateur en vue de réprimer l'immoralité dans les débits.

Il n'existe pas dans la loi de 1880 (nous avons donné, page 117, le motif de cette lacune), et il n'existe pas davantage dans d'autres textes postérieurs à cette loi, de disposition relative à la répression de l'immoralité dans les débits de boissons. Mais la Jurisprudence de la Cour de Cassation admet que l'article 97-3°, de la loi du 5 avril 1884, ancien article 3-3°, du titre XI de la loi des 16-24 avril 1790, d'après lequel l'autorité municipale est chargée « du maintien du bon ordre dans les endroits où il se fait de grands rassem-blements d'hommes, tels que foires, marchés, spectacles, jeux, cafés et autres lieux publics », donne aux maires le pouvoir de prendre, dans l'intérêt du bon ordre et de la morale publique, des arrêtés en vue d'interdire dans les cafés et débits de boissons l'emploi de personnel féminin, exception faite pour les femmes et parentes du débitant.

C'est ainsi que l'arrêt de Cassation du 23 mai 1885 (Sirey, 1887, 1, 186), déclare légal un arrêté du maire d'Avignon, en date du 18 mai 1883, qui, « dans l'intérêt de l'ordre et des bonnes mœurs, interdit à ceux qui exploitent des cafés, buvettes, ou autres établissements analogues, d'employer des femmes et des filles au service de la clientèle ou d'en recevoir aucune dans les salles de café ou leurs dépendan-ces » et considère qu'il s'applique « non seulement aux femmes et aux filles dont le débitant loue et rétribue les services, mais s'étend à toutes les femmes dont la présence est appréciée, par arrêté, comme pouvant devenir une cause de désordre dans l'établissement ». Il ajoute « qu'il n'y a lieu d'excepter de la prohibition que la femme du débitant et les membres de la famille dont il est chef », ou encore (Cassation, 22 mai 1885. S. 1887, 1, 186) la femme et les personnes de la famille de l'associé (1).

La jurisprudence paraissait définitivement établie dans ce sens, lorsque le Conseil d'État, appelé à se prononcer sur un cas analogue, a formulé un avis diamétralement opposé. Il déclara en effet (Arrêt du 19 février 1904, Sirey, 1906, 3, 74. M. Worms, rapporteur), entachées d'excès de pouvoir, « celles des dispositions d'un règlement municipal inter-disant aux débitants :..... 3° d'employer pour le service de

____

(1) Dans le même sens : Arrêts de Cassation des 21 juillet 1883 (Sirey, 1884, 1, 93) ; 23 mai 1889 (Sirey, 1889, 1, 392) ; 4 août 1893 (Sirey, 1896, 1. 157) ; 20 avril 1901 (Sirey, 1902, 1, 431).

leurs établissements plus d'une fille ou femme étrangère à leur famille » (1).

La concision des termes dans lesquels cet arrêté a été rendu ne permettent pas de se rendre un compte exact des motifs qui ont entraîné le Conseil d'Etat à se séparer ainsi de la Cour de Cassation. L'indécision dans laquelle il plonge désormais la jurisprudence n'est pas faite, en tout cas, pour stimuler le zèle, fort chancelant, d'ailleurs, de l'autorité administrative dans la lutte contre le cabaret.

Comment lui serait-il possible, du reste, de faire respecter la moralité et les bonnes mœurs dans les débits, s'il ne peut empêcher l'emploi de femmes ou de filles de débauche dans ces établissements ! Croit-on qu'il suffira, pour cela, de recommander à ces dernières, ainsi que le faisait le Préfet de police dans son ordonnance du 19 septembre 1861, prise à la suite de l'introduction, en 1860, du personnel féminin dans les « brasseries » ; de « ne se faire remarquer ni par leur costume, ni par une attitude inconvenante, ni par des familiarités et de ne pas boire dans le verre des clients ». Recommandations excellentes, sans doute, mais d'une utilité pratique hypothétique.

Il faut remarquer, toutefois, que le désaccord fort important intervenu entre nos deux Cours suprêmes ne peut avoir, en pratique, qu'une répercussion des plus limitées. Il n'est, en effet, que peu de préfets ou de maires qui aient solutionné par arrêté, dans un sens prohibitif, l'emploi des femmes dans les débits et l'on peut dire, de façon générale, que la plus grande liberté règne en France à ce sujet.

. Il n'est qu'un moyen de mettre un terme à la situation présente : poursuivre la moralisation des débits par voie

____

(1) Il a été jugé (Cassation du Luxembourg, 8 décembre 1893, Dalloz, 1896, 2, 238), que le règlement municipal qui fait défense aux débitants de boissons d'employer deux ou un plus grand nombre de personnes sans l'autorisation de l'autorité compétente, est légal et obligatoire et ne porte pas atteinte à la liberté du commerce et de l'industrie.

législative. L'interdiction de se servir de femmes ou de filles ne peut être considérée comme une entrave à la liberté du commerce, puisque la vente des boissons n'est nullement liée à la présence d'un personnel féminin ; par contre, c'est une mesure d'ordre général non douteux, puisqu'elle inté- resse au plus haut point la conservation de la santé physique de l'individu et de la race.

Il va sans dire, que ni la femme, ni les filles du débitant ne sauraient être comprises dans le personnel féminin. Mais la prohibition ne doit-elle excepter que ces seules personnes de la famille du débitant ?

Le 18 novembre 1904, lors de la discussion générale du projet Siegfried, M. Gourju fit remarquer que l'article 8, d'après lequel les maires ou, à leur défaut, les préfets pour- raient interdire, dans les locaux destinés au public, l'emploi des femmes autres que la femme et la fille du débitant était par trop prohibitif. De sorte, disait-il, « que si vous supposez un jeune débitant qui acquiert un fonds déjà ancien, s'y installe, n'est pas encore marié, et par conséquent n'a ni femme ni fille, il lui sera interdit, sous peine de poursuites correctionnelles et de condamnations qui iront quelquefois à l'emprisonnement, sans compter la fermeture du débit, il lui sera interdit d'employer sa mère, qui est peut-être vieille, et qui, de par les lois de la nature, ne court plus grand risque, il ne lui sera pas permis d'employer sa sœur, sa belle- sœur, sa mère, sa pupille. Voilà bien une lacune » (1).

Tenant compte de ces observations, M. Bérenger compléta le paragraphe visé par l'adjonction du membre de phrase suivant : « ou les femmes ou filles majeures de sa famille ».

Nous considérons cette modification comme excellente, car, si l'emploi des parentes du débitant se justifie à de nombreux points de vue, par contre, il est tout au moins prudent de ne l'autoriser qu'autant que ces parentes sont censées avoir

(1) Sénat. *Journal Officiel* du 19 novembre 1904, p. 945.

suffisamment d'expérience pour déjouer les périls particuliers auxquels les femmes sont constamment en butte dans les lieux largement ouverts au public.

Ces mêmes règles devraient évidemment s'appliquer aux associés des débitants et à leur famille, sous les réserves toutefois que nous exposons ci-après.

L'interdiction devrait-elle s'étendre aux servantes chargées d'assurer le service personnel du débitant? Une distinction s'impose. Ce serait porter atteinte au principe de la liberté individuelle que d'empêcher le débitant d'avoir des servantes exclusivement attachées à son service personnel, c'est-à-dire ne prenant aucune part au service du débit. Au cas même où ces servantes seraient utilisées, dans des cas absolument exceptionnels, à la vente des boissons, leur caractère de domestiques attachées à la personne du débitant ne pourrait en être modifié. Mais il en serait tout autrement si ces servantes étaient employées de façon courante à la gestion du débit : remplissant le rôle de véritables « serveuses » leur emploi devrait tomber, par suite, sous le coup de l'interdiction prononcée par la loi.

Une hypothèse reste à envisager: l'emploi des femmes étant supposé défendu, n'existera-t il pas, pour le débitant, un moyen facile de tourner la loi, de telle sorte que, sans être répréhensible, il pourra continuer à faire assurer le service de son établissement par des femmes ?

Le cas s'est déjà présenté (1) : le 6 juin 1889, le Maire de La Rochelle prenait un arrêté interdisant aux débitants d'employer des femmes et des filles étrangères à leur famille. Les commerçants visés par cet arrêté, désireux de conserver dans leurs établissements des femmes dont la présence était pour eux la source de bénéfices appréciables, n'hésitèrent pas à s'associer avec leurs servantes, et certains d'entre eux allèrent même jusqu'à s'associer avec des femmes reconnues

(1) *Annales antialcooliques.* Janvier 1905.

comme se livrant notoirement à la prostitution. La loi de 1880 ne mettant aucun obstacle à ce qu'une femme soit débitante de boissons, l'arrêté du Maire de la Rochelle devenait donc sans objet.

Il y a tout lieu de supposer que le jour où la loi généraliserait une pareille défense, se généraliserait également l'exemple donné par les débitants de la Rochelle. Mais il est facile de prévenir de tels agissements : il suffira au législateur d'adopter le vœu que le Conseil municipal de la Rochelle, devant son impuissance à réagir contre la débauche des débits, émit à l'unanimité, dans sa séance du 17 décembre 1904, vœu tendant à compléter la loi du 17 juillet 1880 au moyen de diverses dispositions additionnelles parmi lesquelles se trouvent les suivantes : « ... 3º Les associations entre, ou avec femmes pour l'exploitation d'un débit de boissons sont interdites ; 4º aucune femme en carte ne pourra être admise à tenir un débit de boissons, soit comme propriétaire, soit comme gérante (1) ».

Le projet présenté par M. Guerin, projet qui est venu en première délibération devant le Sénat le 5 décembre 1907, ne fait aucune allusion à l'interdiction de l'emploi des femmes dans les débits. Nous espérons que, lors de la discussion des articles de ce projet, l'attention de nos représentants sera appelée sur cette lacune. Aux Etats-Unis la prohibition du personnel féminin (the hiring of barmaids) existe dans la presque totalité des Etats confédérés. On la trouve également au Danemark : il faut, dans ce pays, une autorisation spéciale au débitant pour se faire aider par des femmes autres que son épouse ou ses filles. En Allemagne, les corps municipaux sont mis en demeure d'édicter la même défense toutes les fois qu'elle paraît nécessaire. C'est ainsi qu'en 1906, le Maire de Morhange (Alsace annexée) dut réunir à l'Hôtel de Ville, sur les réquisitions du général

____

(1) *Annales antialcooliques*, Janvier 1905.

Stoetzer, commandant le 16e corps, tous les tenanciers des brasseries et des débits servis par des femmes et leur donner l'ordre de remplacer le personnel féminin par des garçons, sous la menace de fermer immédiatement les établissements de ceux qui ne se conformeraient pas à cette mise en demeure. Surpris par la brusquerie de l'injonction et n'ayant pu se concerter, les intéressés signèrent sur le champ l'engagement qui leur était imposé.

Quant au motif qui avait poussé le général Stoetzer à intervenir de la sorte, il n'est pas indifférent de le faire connaître : Morhange, petite ville dont la population civile est d'environ 5.000 habitants, possède une garnison de 7.000 hommes. Or, dans cette garnison, la syphilis sévit avec une intensité telle que 30 % des soldats, et ce serait paraît-il un minimum, sont atteints de ce mal. Il est à peine besoin d'ajouter que la contamination provenait presque exclusivement des débits à femmes (1).

S'il est nécessaire d'exclure des débits le personnel féminin, a fortiori ne devrait-on pas y tolérer la fréquentation des femmes de mauvaises mœurs. Il ne s'agit plus ici, en effet, d'une prostitution clandestine, c'est l'immoralité étalée au grand jour, c'est le vice avoué cyniquement.

Nous rappelions précédemment (cf., p. 117) que le rapporteur de la loi de 1880 avait jugé prudent de dissocier de cette loi toute mesure relative aux bonnes mœurs. Depuis lors, le législateur s'est convaincu qu'une loi sur la réglementation des débits ne devait pas totalement omettre un point aussi important. Dans son rapport, fait au nom de la Commission chargée d'examiner les propositions de loi Siegfried et Berenger, M. Guerin, sénateur, s'exprime de la façon suivante : « l'alcoolisme et la débauche vont trop souvent de pair, l'un préparant des victimes à l'autre. S'il importe de réglementer les débits de boissons dans l'intérêt de la santé

---

(1) *Annales antialcooliques*, Octobre 1906.

publique, il n'importe pas moins d'empêcher qu'ils dégénè-
rent en lieux de prostitution clandestine. C'est l'objet de
l'article 11. Cet article frappe de peines sévères la transformation du débit de boissons en un lieu de prostitution et de
débauche et prescrit que la fermeture de l'établissement sera
ordonnée. » (1)

Or, quelle est la teneur de l'article 11 ? La voici, telle qu'elle
a été adoptée en première lecture par le Sénat, dans sa
séance du 5 décembre 1907 : « Tous cafetiers, cabaretiers,
tenanciers de cafés-concerts et autres débitants de boissons
à consommer sur place, qui, en fournissant sciemment à
quiconque le moyen de se livrer à la prostitution, auront
excité ou favorisé la débauche, seront condamnés à un
emprisonnement de six jours à six mois et à une amende de
50 à 5.000 francs. Le coupable sera, en outre, frappé de l'incapacité temporaire prévue par l'article 7. »

Conçu — comme on le voit — en des termes à peu près
identiques à ceux de l'article 10 du projet Berenger (voir
ci-dessus, p. 117) il en diffère profondément en ce qui concerne
les pénalités prononcées, puisque ce dernier ordonnait, outre
l'emprisonnement du délinquant, pendant 3 mois au minimum et 2 ans au maximum, la fermeture de ces établissements. Nous ne pouvons nous empêcher de trouver l'attaque
dirigée, par cet article, contre la prostitution comme insuffi-
samment énergique.

Le Conseil Municipal de la Rochelle proposait, dans sa
séance du 17 décembre 1904, la disposition suivante : « Les
cafés, cabarets, et débits de boissons notoirement reconnus
pour recevoir des femmes ou des filles de mœurs légères
destinées à la prostitution seront, après enquête, le Conseil
municipal entendu, fermés par arrêté préfectoral après trois
contraventions prononcées contre les gérants de ces établissements. Tout établissement fermé entraînera, pour le gérant,

____

(1) *Documents parlementaires* Sénat 1907. — Annexe n° 215, p. 170.

une incapacité de deux ans à l'ouverture de tout nouveau débit. » (1)

Bien que préférable par sa clarté, cette disposition nous paraît également critiquable en ce que son application ne s'étend qu'aux débits « notoirement connus » pour recevoir des femmes de débauche. Ce n'est pas en sévissant exclusivement contre les débits dangereux qu'on arrivera à proscrire définitivement la débauche de ces établissements. Qui veut la fin, dit-on, veut les moyens. Or, en l'objet qui nous occupe, le moyen nous semble unique : comme il y a tout lieu de supposer que, tant que les femmes de débauche seront admises dans les débits, la morale de ces établissements laissera à désirer, il faut, croyons-nous, interdire de façon générale l'entrée de ces établissements tout au moins aux femmes notoirement connues pour vivre de la prostitution et punir sévèrement le débitant qui ne se conformerait pas à cette prescription.

Il est évident qu'une distinction, en ce qui concerne les pénalités à infliger, devrait être faite entre les débitants qui ne feraient que recevoir des femmes de mauvaise vie et ceux qui favoriseraient ouvertement la débauche. Des amendes, progressivement élevées, suffiraient, croyons-nous, à maintenir les premiers dans une sage expectative ; quant aux seconds, nous pensons, comme M. Berenger, que le mal est suffisamment grave pour que l'on puisse réclamer la fermeture de leurs établissements.

(1) *Annales antialcooliques.* Janvier 1905.

CHAPITRE III

Des Ivrognes et des Mineurs de 16 ans

S'il convient, au nom de la morale publique, de proscrire l'emploi des femmes dans les débits et d'interdire l'entrée de ces établissements aux femmes de mauvaise vie, il convient également, au nom de cette même morale, d'empêcher la débauche alcoolique de s'y donner libre cours. Nous nous trouvons, à ce point de vue, en présence de l'importante question des ivrognes et des mineurs de 16 ans, question qui a fait l'objet de la loi du 23 janvier 1873 sur l'ivresse publique.

On sait quelle fut la genèse de cette loi. Effrayés des progrès de l'alcoolisme et considérant que l'un des moyens les plus pratiques pour enrayer le fléau résidait dans la poursuite des faits d'ivresse, MM. Vilfeu, Desjardins et plusieurs de leurs collègues, puis M. Th. Roussel déposèrent successivement, dans ce but, les premiers le 6 juin 1871 (1), le deuxième le 16 août 1871 (2) des propositions de loi.

Mais, tandis que M. Vilfeu se contentait de réclamer, par simple adjonction aux articles 471 et 473 du Code pénal, des pénalités contre les cabaretiers convaincus d'avoir reçu des ivrognes ou d'avoir donné à boire à des mineurs de 16 ans non accompagnés, M. Roussel soumettait à l'approbation de ses collègues une proposition, savamment étudiée et commentée, dont les sanctions atteignaient à la fois les ivrognes et les cabaretiers.

Était répréhensible d'après l'article 8 du projet Roussel

(1) *Journal Officiel* du 26 juin 1871, p. 1584.
(2) *Journal Officiel* des 5 et 6 octobre 1871, pp. 3823 et 3840.

« tout cabaretier, aubergiste, cafetier, liquoriste ou tout
autre débitant de boissons alcooliques qui aura : 1º admis
dans son établissement un individu donnant des signes
manifestes d'ivresse ; 2º consenti à ce qu'un individu buvant
dans son établissement et présentant déjà des signes d'ivresse,
continue à boire jusqu'à l'abrutissement ». Il n'était fait
aucune allusion aux mineurs de 16 ans.

M. Desjardins, chargé de faire un rapport sur ces deux
propositions, déposa à son tour, le 8 janvier 1872 (1), un
projet de loi dont l'article 5 est ainsi conçu : « Seront punis
d'une amende de 1 à 5 francs inclusivement les cafetiers,
cabaretiers et autres débitants qui auront laissé le consommateur boire jusqu'à l'ivresse, qui auront reçu chez eux des
gens ivres, ou qui auront donné à boire à des mineurs âgés
de moins de 16 ans accomplis, non accompagnés. La peine
d'emprisonnement pendant trois jours au plus pourra, de
plus, être prononcée contre les débitants qui auront reçu
chez eux des gens ivres ou qui auront donné à boire à des
mineurs âgés de moins de seize ans accomplis, non accompagnés. Les articles 474 et 483 du Code pénal seront
applicables aux contraventions indiquées aux paragraphes
précédents » (*Officiel*, 1872, p. 895).

Trois contraventions étaient donc prévues à l'encontre des
débitants : laisser le consommateur boire jusqu'à l'ivresse,
recevoir des gens ivres, donner à boire à des mineurs de
seize ans.

La première disposition, disait M. Desjardins « fait l'essence même de la police que le débitant doit maintenir dans
son établissement. C'est à lui seul qu'il appartient de régler
la consommation en prenant conseil de son expérience »
(p. 895). Une seule objection pouvait, à son avis, être soule-
vée contre cette disposition : comment le débitant pourra-
t il se rendre compte de la force d'absorption des clients de

(1) *Journal Officiel* des 9 janvier, 7 et 8 février 1872.

passage, c'est-à-dire des consommateurs qui ne fréquentent pas habituellement son établissement ?

Le débitant, répond M. Desjardins, doit surveiller ses clients ; c'est là, pour lui, une obligation professionnelle. Cette surveillance « il l'exerce tout naturellement, en fournissant au fur et à mesure des demandes qui lui sont adressées. Le nombre de ces demandes doit éveiller son attention. Dans ces conditions », conclut-il, « les surprises sont très rares, sinon tout à fait impossibles » (p. 895).

Laissant de côté la deuxième disposition qu'il jugeait, avec raison, assez explicite par elle-même, M. Desjardins continuait : « En ce qui concerne les enfants, les devoirs et les droits du législateur sont autres qu'en ce qui regarde les jeunes gens et surtout les hommes faits. L'abus de la liberté, à un âge où la raison et la volonté ne sont pas formées, le préoccupe légitimement ; il doit veiller à ce que des pièges ne soient pas tendus publiquement à l'inexpérience » (p. 895).

L'article 5 du projet Desjardins fut, au cours de la discussion de ce projet, profondément modifié ; il est devenu, dans la loi du 23 janvier 1873, l'article 4 suivant : « Seront punis d'une amende de 1 à 5 francs inclusivement, les cafetiers, cabaretiers et autres débitants qui auront donné à boire à des gens manifestement ivres, ou qui les auront reçus dans leurs établissements, ou auront servi des liqueurs alcooliques à des mineurs âgés de moins de seize ans accomplis. Toutefois, dans le cas où le débitant sera prévenu d'avoir servi des liqueurs alcooliques à un mineur âgé de moins de seize ans accomplis, il pourra prouver qu'il a été induit en erreur sur l'âge du mineur ; s'il fait cette preuve, aucune peine ne lui sera applicable de ce chef. Les articles 474 et 483 du Code pénal seront applicables aux contraventions indiquées aux paragraphes précédents ».

Des trois contraventions prévues par l'article 5 du projet Desjardins, deux seulement ont donc été accueillies par le législateur.

L'interdiction de recevoir des ivrognes ou de leur verser à boire ne pouvait soulever d'objection. Elle fut admise sans discussion. Mais, alors que l'article 5 du projet Desjardins prohibait le fait de donner à boire à des mineurs non accompagnés, l'article 4 de la loi remplaça cette prohibition par celle de leur servir des liqueurs alcooliques, qu'ils soient ou non accompagnés.

Défendre, de façon absolue, au débitant de donner à boire à des mineurs de seize ans non accompagnés était évidemment exagéré, car, ainsi qu'on le fit remarquer lors de la discussion de la loi, le mineur peut, comme l'homme fait, ressentir le besoin de boire ou tout au moins de se désaltérer. Mais, s'il est naturel de laisser au mineur de seize ans la faculté d'étancher sa soif, il y a, par contre, des inconvénients multiples à lui laisser celle de se faire servir la boisson de son choix. D'où la nécessité d'interdire, sous peine de contravention, au débitant de lui donner non pas toutes sortes de boissons, mais seulement celles dont les effets sur des organismes en formation sont à tous point de vue redoutables, c'est-à-dire les boissons alcooliques.

Pàr contre, le projet Desjardins était, à notre avis, préférable, en ce qu'il ne poursuivait que le débitant coupable d'avoir servi des mineurs non accompagnés. Les articles 5 et 8 (1) de ce projet faisaient, en effet, ressortir les trois hypothèses suivantes :

Le mineur s'était-il présenté seul au débit ? le débitant était punissable.

Était-il accompagné ? Si la personne avec laquelle se trouvait le mineur était un membre de sa famille ou même une personne ayant, à un titre quelconque, autorité sur lui, son

(1) ARTICLE 8. — Sera punie d'une amende de 1 à 5 francs toute personne qui, n'ayant pas autorité sur un mineur âgé de moins de seize ans accomplis, l'aura conduit ou accompagné dans l'un des établissements indiqués aux trois articles précédents pour lui faire donner à boire. Les articles 474 et 483 du Code pénal seront applicables à la contravention indiquée au paragraphe précédent. (*Journal Officiel* du 8 février 1872, p. 925).

patron, par exemple, il n'y avait pas lieu, dans ce cas, à contravention. Mais si le compagnon du mineur était un ami, un camarade, une personne n'ayant, à aucun titre, autorité sur lui, ce compagnon seul était punissable.

Nous croyons, avec M. Desjardins, qu'il est bon de faire supporter aux personnes qui accompagnent le mineur la responsabilité de leurs actes et qu'on ne doit punir le débitant qu'autant qu'il a essayé de profiter de la faiblesse et de l'inexpérience du mineur livré à ses propres moyens. Nous ne voulons pas dire, toutefois, que le débitant devrait toujours se désintéresser des consommations demandées pour le mineur par le compagnon de celui ci. Il est, en effet, au moins un cas où sa culpabilité ne pourrait faire de doute : c'est celui où le mineur se trouve en compagnie d'un individu présentant des signes non équivoques d'ivresse Le débitant, qui est punissable lorsqu'il sert à boire à un ivrogne, devrait l'être, à plus forte raison, s'il exécutait l'ordre donné par cet ivrogne de verser au mineur des boissons alcooliques.

L'article 4 de la loi de 1873 ne prévoit aucune pénalité à l'encontre des débitants qui laissent boire les consommateurs jusqu'à l'ivresse.

On objecta, lors de la discussion, qu'il était fort difficile pour le débitant de discerner exactement le point où allait commencer l'ivresse et, par suite, le moment où il devait refuser toute consommation. Et l'on proposa, en conséquence, de compléter l'article 5 du projet Desjardins par le mot « sciemment » : le débitant ne devenait donc répréhensible qu'autant qu'il avait laissé sciemment boire jusqu'à l'ivresse (1).

Or, comme le fit remarquer M. Desjardins (1), cette adjonction « aurait imposé une preuve impossible à faire et rendu la loi illusoire » ; elle fut en conséquence repoussée

(1) *Journal Officiel* du 25 avril 1872, p. 2748.

par la Commission et la clause ne fut pas prise en considération.

Il en résulte, dans la loi, une lacune regrettable. S'il est impossible pour le législateur de déterminer, de façon précise, le moment où le consommateur commence à perdre la raison, il n'en va pas de même pour le débitant. Nous croyons que, toutes proportions gardées, l'on peut à ce sujet comparer le débitant au médecin.

Sa connaissance approfondie du mécanisme humain permet au médecin de formuler un diagnostic sûr et de discerner de façon certaine une maladie déterminée, quels que soient les symptômes sous lesquels elle se présente. De même, on peut avancer, sans être taxé d'exagération, que le débitant connaît, dans ses moindres détails, ce que l'on pourrait appeler la mentalité du consommateur, et qu'il peut présager, à l'apparition de signes particuliers auxquels il ne saurait se tromper, l'approche de l'ivresse chez son client. C'est là une question d'habitude, d'expérience, de doigté dirons-nous, et cette expérience s'acquiert rapidement, par la simple observation des faits joints à une pratique journalière. Il nous paraît dès lors évident que le cabaretier qui continue à verser à boire à un client qui présente des signes d'excitation caractéristiques est particulièrement répréhensible.

Point n'est nécessaire, du reste, pour qu'il en soit ainsi, que le débitant ait agi à dessein, dans un but de lucre. Celui qui, par négligence, verse à boire à un consommateur de telle sorte que ce dernier devienne ivre, commet une faute lourde; il manque gravement à ses devoirs primordiaux qui lui font une obligation formelle de veiller, avec un soin constant, à ce que ses clients conservent leur lucidité d'esprit. Qu'elle ait été favorisée, ou qu'elle résulte d'un manque de surveillance, l'ivresse a des conséquences identiques et également néfastes. Il s'en suit donc que l'on doit considérer comme punissable le fait seul, pour le débitant, de laisser un client s'enivrer dans son établissement, et les pénalités à lui infliger dans ce cas devraient être les mêmes que celles sous le coup desquelles il tombe lorsqu'il reçoit des gens ivres ou verse des spiritueux à des mineurs de 16 ans.

Or, quelles sont ces pénalités ? Elles sont prévues par les articles 4, 5, 6 et 7 de la loi du 23 janvier 1873.

Tout cabaretier qui a reçu des gens ivres ou versé des boissons alcooliques à des mineurs de 16 ans est puni, à la première infraction, d'une amende de 1 à 5 francs ; l'article 474 du Code pénal lui est applicable à la deuxième infraction survenue à douze mois d'intervalle. Au cas de nouvelles récidives, la peine croît en intensité : six jours à un mois d'emprisonnement et amende de 16 à 300 francs, lorsque la troisième infraction a été commise douze mois après la deuxième condamnation ; puis le maximum de ces peines (qui peuvent être portées au double) ; l'incapacité d'exercer les fonctions de débitant ; enfin la fermeture du débit pendant un mois au maximum. Ces dernières peines s'appliquent également au cas où le débitant a versé à boire jusqu'à l'ivresse à des mineurs de 16 ans.

Ces pénalités, qui paraissent savamment graduées, sont cependant, de l'avis unanime des criminalistes, considérées comme insuffisantes. Elles sont, en effet, trop peu élevées et le délai de récidive est trop court. Il est intéressant d'examiner ce qui se passe à l'étranger dans des cas identiques (1).

La loi autrichienne du 17 juillet 1877 punit d'emprisonnement jusqu'à un mois ou d'une amende jusqu'à 50 florins le restaurateur, les aubergistes ou leurs employés qui servent ou font servir des boissons alcooliques à des clients déjà ivres, sauf le cas d'urgence, et à des personnes évidemment mineures non accompagnées. Au cas de récidive dans les

---

(1) Cf. G. Vidal. *Enquête sur l'alcoolisme,* op. cit.

deux ans, l'emprisonnement est prolongé d'un tiers. De plus, l'autorité administrative peut retirer pour un temps déterminé, ou même de façon définitive, la concession de leur commerce aux débitants à l'égard desquels des condamnations réitérées pour infraction aux défenses qui les concernent sont restées sans résultat.

L'article 85 du Code pénal hongrois de 1878 punit d'une amende de 50 florins le débitant qui sert des spiritueux à un consommateur ivre ; cette amende peut être de 100 florins si l'infraction est commise à l'égard d'un mineur de 14 ans. Au cas de récidive dans les deux ans, l'exercice de la profession peut être interdite, l'établissement fermé pendant cinq mois au moins et un an au plus.

Le Code Pénal Hollandais (3 mars 1881), punit d'un emprisonnement de trois semaines au plus, ou d'une amende de 100 florins au plus, le débitant qui vend des spiritueux à un mineur de 16 ans, et la loi du 26 juin 1881, permet de retirer leur autorisation à ceux qui auront versé à boire à des personnes ivres ou à des enfants.

L'article 25 du Code Pénal Norvégien (1842), rend passible d'amende le débitant qui a servi des boissons à des personnes ivres ou de moins de 18 ans, ou a versé de si grandes quantités de boissons à des consommateurs que l'ivresse en est évidemment résultée. La peine de l'emprisonnement est applicable en cas de récidive, et (art. 27) la déchéance du droit d'exercer leur profession pourra être alors prononcée contre les débitants coupables, dans un délai de deux ans, de nouvelles infractions à l'article 25.

En Angleterre, d'après les Licensing Act de 1872-1874, les mêmes faits entraînent pour la première infraction, une amende de 10 livres, une amende double à la deuxième, et à la troisième, la perte du bénéfice de l'autorisation. Le tribunal peut, en outre, décider qu'il sera impossible pour le débitant d'obtenir avant cinq ans une nouvelle licence et que son établissement sera fermé pour deux ans. En ce qui concerne spécialement les enfants, le projet de réglementation des débits, déposé à la Chambre des Communes, le 27 février 1908, dispose (n° 19) que le débitant ne devra tolérer la présence des enfants au débit que pendant les heures de fermeture. En cas de contravention il devient passible d'une amende n'excédant pas la première fois 40 shillings, et à chaque nouvelle infraction, 5 livres. Si un enfant est trouvé dans le débit, le débitant est considéré comme en contravention, à moins qu'il ne prouve qu'il a fait son possible pour ne pas admettre cet enfant dans son établissement.

Ainsi, les législations étrangères que nous venons de passer en revue appliquent, de façon générale, les pénalités suivantes : à la première infraction, une amende suffisamment forte ; en cas de récidive, successivement la prison, la fermeture du débit, l'interdiction d'exercer la profession de débitant. C'est donc dans ses intérêts même qu'elles cherchent à frapper le débitant ; et c'est évidemment le plus sûr moyen de l'empêcher de se livrer à des manœuvres coupables.

En France, l'amende de simple police est insignifiante ; seules les amendes correctionnelles seraient de nature à conseiller au débitant une sage prudence. Quant au délai de récidive, nous le considérons comme trop court : il faut, par la crainte constante d'une punition sévère, forcer le débitant à ne jamais perdre de vue ses obligations professionnelles. Le délai de deux ans admis en Autriche, en Hongrie et en Hollande, devrait, à notre avis, être pris comme un délai minimum.

En ce qui concerne les pénalités à infliger en cas de récidive, nous jugerions utile d'appliquer, à la deuxième infraction, une amende double ou même quintuple de celle infligée lors de la première condamnation, puis, à la troisième infraction, la fermeture temporaire du débit et, enfin, au cas de nouvelles infractions, la fermeture définitive de l'établissement et l'interdiction d'exercer la profession de débitant.

Les pénalités dont nous venons de parler frappent uniquement le fait, pour le débitant, de favoriser l'ivresse ou de verser des boissons alcooliques à des mineurs de seize ans. Doit-on, ainsi que le prescrit la loi de 1873, se contenter de cette responsabilité pénale qui ne lie le débitant que pour ce qui se passe dans son établissement ?

Le débitant qui a laissé s'enivrer un individu, répondent plusieurs législations étrangères, est tenu de veiller sur cet individu ; il doit être rendu responsable des conséquences de l'ivresse qu'il a encouragée ou provoquée (1).

C'est ainsi que l'article 24 de la loi norwégienne du 24 juillet 1894 punit d'amende, d'emprisonnement ou de travaux forcés au cinquième degré le débitant qui met hors de chez lui des personnes qui se sont grisées dans sa maison ; il le rend en outre responsable des blessures que se sera faites l'expulsé livré à ses propres moyens.

Au Danemark, l'homme ivre est ramené chez lui aux frais de l'aubergiste chez qui il a bu son dernier verre.

Aux États-Unis, de façon générale, le débitant est civile-ment responsable du préjudice causé par les ivrognes, soit à autrui, soit à eux-mêmes. Dans l'état du Maine, où la vente des spiritueux est prohibée de façon absolue, la loi accorde (1) « aux femmes, aux enfants, aux parents, aux époux et à tous les autres individus qui auraient été lésés dans leur per-sonne, leurs biens, leurs moyens d'existence ou de quelque autre façon que ce soit par un ivrogne ou par suite de l'ivrognerie d'un individu quelconque, le droit d'intenter une action en dommages-intérêts contre tous ceux qui ont plus ou moins causé le dommage en participant de manière ou d'autre à l'origine de l'état d'ivresse, non seulement contre ceux qui auraient donné ou procuré directement la boisson, mais aussi contre le propriétaire de la maison dans laquelle le fait s'est passé ».

(1) Cf. VIDAL. *Enquête sur l'Alcoolisme*, op. cit.

La loi de l'État d'Illinois n'est pas moins sévère. Nous trouvons à ce sujet, dans l'*Étoile Bleue* d'avril 1906, l'exemple suivant : « Un charpentier de Chicago, nommé Hedlund, avait un goût prononcé pour les liqueurs fortes. Il en abusa, tomba malade et mourut en laissant cinq jeunes enfants. Ceux-ci poursuivirent en justice les trois marchands de liqueurs qui approvisionnaient leur père de leurs produits, les accusant d'avoir ruiné ainsi la santé du charpentier Hedlund. Le tribunal de Chicago a alloué aux enfants 94.500 francs de dommages-intérêts. »

En France, aucune disposition législative n'est encore intervenue en l'objet. Cependant, lors de la discussion du projet de loi sur l'ivresse, M. Roussel avait proposé d'insérer, dans la loi, deux dispositions qui répondaient en partie à ce desideratum.

La première, qui était comprise dans l'article 8 .de son projet, punissait des mêmes pénalités que celles qui atteignaient le débitant favorisant l'ivresse, le débitant qui avait « négligé de faire reconduire à son domicile les individus qui, dans son établissement, donnaient des signes d'un état d'ivresse scandaleux et pouvant donner lieu à un désordre ou à un danger, ou, au cas où le domicile de l'ivrogne serait inconnu, de veiller sur lui ou de le remettre entre les mains de la police ».

Quant à la deuxième, elle formait l'article 9 de son projet, article ainsi conçu : « Lorsqu'un délit ou un crime aura été commis dans un des établissements ci-dessus indiqué (tous débits de boissons) par un individu en état d'ivresse ou en état d'alcoolisme, le débitant ou tous autres individus qui auraient provoqué l'ivresse ou aggravé le désordre moral de l'inculpé en le poussant à boire, pourront être poursuivis comme civilement responsables des dommages résultant du délit ou du crime commis ». Cette disposition fut écartée sous le prétexte qu'on ne pouvait faire intervenir la responsabilité civile dans une loi pénale. « Objection d'autant moins fondée », ainsi que le faisait remarquer M. Passez (1) « que les tribunaux correctionnels déclarent tous les jours des personnes civilement responsables de délits poursuivis devant eux ».

L'utilité, nous dirons même la nécessité de mesures identiques à celles qui existent à l'étranger, notamment aux État-Unis, ne nous semble pas contestable. Sous l'influence de l'alcool, l'homme devient inconscient de ses actes, il est donc à la fois un danger pour ses semblables et pour lui-même. Le débitant, mieux que quiconque, connaît ces effets de l'alcool sur l'individu : dès lors, celui qui, après avoir favorisé l'ivresse, que ce soit dans un but de lucre ou par défaut de surveillance, met à la porte de son établissement l'ivrogne sans lui assurer l'aide dont il a besoin, commet une faute plus grave encore que celle qui consiste à laisser cet individu s'enivrer.

Nous voudrions, en conséquence, qu'il soit fait obligation au débitant de reconduire à ses frais, à son domicile, l'individu qui se serait enivré dans son établissement ou qui y aurait été reçu alors que son ivresse était déjà manifeste ; et, au cas où pour une raison majeure il ne pourrait reconduire ou faire reconduire cet ivrogne, de le conserver dans une pièce de sa maison où le public n'aurait pas accès — et non dans le débit — jusqu'à ce qu'il ait recouvré complètement l'usage de sa volonté. Faute par lui de se soumettre à cette obligation, le débitant devrait alors être déclaré civilement responsable de toutes les conséquences auxquelles pourraient donner lieu l'ivresse de ses clients. Menacé ainsi dans ses intérêts, le débitant serait amené à considérer l'ivrogne comme un danger permanent contre lequel il ne saurait trop se prémunir ; le jour où ce résultat serait obtenu, la cause antialcoolique aurait fait un pas décisif.

Ajoutons que si le débitant doit être rendu responsable des

(1) *Bulletin de la Société générale des Prisons.* Année 1897, p. 475.

actes de l'ivrogne en dehors de son établissement, à plus forte raison devrait-il l'être, ainsi que le demandait M. Roussel, des faits dont l'ivrogne se serait rendu coupable à l'intérieur de cet établissement.

Enfin, il est, en matière d'ivresse, un cas spécial qui ne doit pas échapper à l'attention du législateur. Nous voulons parler de ces paris absurdes qui s'élèvent souvent entre ivrognes et qui consistent à avaler des quantités considérables d'alcool sous l'œil placide du patron de l'établissement et en présence de consommateurs qui suivent, avec une stupide admiration, la performance du tenant. Le plus souvent le parieur tombe dans un état d'ivresse avancé, parfois il s'effondre pour ne plus se relever, foudroyé sur place par l'alcool.

Permettre l'exécution de ces paris constitue, pour le débitant, une faute de même nature que celle qui consiste à favoriser l'ivresse : sa responsabilité pénale et civile doit être engagée de façon identique, sans préjudice, en cas de mort, de l'application de l'article 319 du Code Pénal. Le débitant devrait, du reste, être également poursuivi pour homicide par imprudence au cas où, mis à la porte de l'établissement où il s'est enivré et abandonné à ses propres moyens, l'ivrogne a trouvé la mort en dehors de cet établissement, s'il est démontré que cette mort est imputable à l'état d'ébriété dans lequel il se trouvait.

CHAPITRE IV

Du Paiement des salaires dans les Débits de Boissons

Il arrive assez fréquemment que le débitant dont l'établissement se trouve à proximité d'une usine, d'un établissement industriel, d'un chantier, s'entend avec l'employé chargé de payer leur salaire aux ouvriers pour que ce paiement ait lieu non à l'intérieur de l'usine ou du chantier, mais dans sa boutique. Un véritable contrat intervient alors entre eux : l'employé s'engage à n'effectuer ses paiements que chez le débitant ; quant à ce dernier, il saura reconnaître, par une honnête commission et par des prérogatives spéciales, l'avantage qui lui est concédé.

Avantage d'une importance capitale puisqu'il équivaut à la constitution d'une clientèle certaine et pour ainsi obligatoire. Car, à l'encontre de ce qui se passe habituellement, l'ouvrier ne viendra pas de son plein gré au débit, il y sera forcé : l'employé chargé des paiements est en général un contremaître, un chef dont le pouvoir sur les ouvriers est incontestable, il ne peut être question de critiquer ses ordres. Or, une fois au débit, une fois entre les mains du débitant, il est facile de supposer ce qu'il advient de l'ouvrier.

Dans son étude intitulée *Le Grisou*, M. Talmeyr fait de la paie chez les mineurs le tableau saisissant que voici (1) :

« La paie des mineurs avait lieu le samedi matin, par

(1) Cité par M. KORN, op. cit., p. 206.

l'entremise des porions. Un soir, le porion Jacquemin vit entrer chez lui un gros homme dans lequel il reconnut le cabaretier Grellepois. Le cabaretier l'avait abordé d'un air de connaissance et lui avait dit en lui posant la main sur l'épaule : « Fils, je suis venu vous informer de quelque chose. C'est après-demain samedi jour de paie, on la fait chez moi ». — « Ah ! c'est le matin, je crois. » — « Entendons-nous ! Vous êtes censé payer le matin, mais on ne vous lâche l'argent qu'à midi et toi, porion, tu n'arrives que le soir... Pas d'erreur ! ça me fait de fameuses journées ces modes-là ! Neuf heures, estaminet comble ! et dix heures pas de paye ! onze heures pas de paye ! deux heures pas de paye ! Et des tournées, des tournées, des tournées ! »

On nous a assuré que des coutumes à peu près identiques existaient dans la ville que nous habitons, à Caen, notamment dans le monde particulier des débardeurs, manœuvres occupés sur les quais au chargement et au déchargement des bateaux.

Ainsi, l'ouvrier boira en attendant sa paie, il boira encore après l'avoir reçue, et le salaire, prix de ses rudes labeurs, n'arrivera à la maison que singulièrement amoindri du prix des consommations absorbées et des tournées offertes aux camarades. Or, comme le montant intégral de ce salaire est à peine suffisant pour faire face aux besoins du ménage de l'ouvrier, c'est donc une partie de son nécessaire qui lui est enlevé par suite de la spéculation honteuse dont il est l'objet. Qu'importe au débitant que la famille de l'ouvrier se ressente davantage de la misère, pourvu qu'il s'enrichisse ! Et le mal que nous venons de signaler est encore plus grand lorsque l'employé chargé du paiement des salaires tient lui-même un débit : malheur, alors, à celui qui ne consommera pas abondamment ! En butte aux vexations de son chef, il sera congédié sans pitié à la première occasion.

Il n'existe pas de texte législatif interdisant en France le paiement des salaires dans les débits. La question fut cependant, il y a plus de quinze ans, agitée devant les Chambres à la suite du dépôt, par M. M. Lecomte, d'un projet de loi relatif aux règlements d'atelier (1). Ce projet de loi, adopté après d'importantes modifications, le 5 novembre 1892, par la Chambre des Députés, fut renvoyé au Sénat qui, dans sa séance du 24 avril 1894, y intercala la disposition suivante qui en devenait l'article 3 : « Les paiements ne peuvent être faits que dans l'usine ou dans l'un de ses bureaux, et non dans les débits de boissons ou dans les magasins de vente au détail » (2). Le projet était alors transmis à la Chambre des Députés, et M. Dubief était chargé du rapport d'usage.

M. Dubief, après avoir fait remarquer que l'ouvrier se trouvait exposé à des abus nombreux dont il y avait lieu de poursuivre l'anéantissement, réclamait la suppression « du paiement fait ailleurs que dans les ateliers ou leurs dépendances, dans les débits, chez les épiciers, où le malheureux ouvrier laisse avant de partir déjà une portion, souvent la plus grosse part, de son gain » (3).

Puis, passant à l'examen de l'article 3, voté par le Sénat, il s'exprimait de la façon suivante : « L'interdiction de faire les paiements de salaire ailleurs que dans l'usine ou dans un de ses bureaux, en pratiquant ce que les Anglais appellent le truc-system, est une garantie nécessaire, donnée à l'ouvrier, contre les incitations dont il peut être l'objet de la part des débitants de boissons et des marchands au détail, chez lesquels certains patrons font ou laissent faire la paye, trop souvent au grave préjudice de l'ouvrier et au bénéfice illicite de ceux dont on favorise ainsi le commerce, et aussi ceux, patrons et contremaîtres, qui s'y prêtent ».

Enfin, considérant qu'une sanction bien déterminée devait être prononcée par la nouvelle loi contre ceux qui en viole-

(1) *Journal Officiel*, 1890, p. 519, annexe 273.
(2) *Journal Officiel* du 5 avril 1894, p. 279.
(3) *Journal Officiel*. Annexe 409, p. 313. Année 1898.

raient les dispositions (1), terminait en proposant, au nom de la Commission, l'addition au projet d'un article 5 ainsi conçu :

« Sans préjudice de la responsabilité civile, toute contravention aux prescriptions de la présente loi sera portée devant le Juge de Paix jugeant en simple police et sera passible d'une amende de 15 francs. L'article 463 du Code Pénal sera applicable. Les Inspecteurs du Travail concurremment avec les Officiers de Police judiciaire sont chargés de l'exécution de la présente loi. » (2)

La discussion de ce nouveau projet eut lieu à la Chambre des Députés les 6 et 7 décembre 1898. L'article 3, dont la teneur paraissait trop restrictive, fit, de la part de M. Renou, et de celle de M. Lemire, l'objet de deux amendements ainsi libellés :

Amendement Renou : « Les paiements ne peuvent être faits dans les débits de boissons ou dans des magasins de vente au détail. » (3)

Amendement Lemire : « Les paiements de salaires ne pourront être faits dans des débits de boissons ni dans les magasins de vente ». (3)

Il faut, disait M. Lemire, « se borner à ce qui est essentiel, à ce que de tous les côtés on regarde comme nécessaire : l'interdiction de ce qui expose l'ouvrier à des dépenses inutiles et superflues et à une exploitation absolument injustifiée. »

L'article 3, finalement adopté au cours de la séance du

---

(1) Le Sénat n'avait, en effet, prévu aucune sanction contre les délinquants. Invité à s'expliquer à ce sujet, le rapporteur s'était contenté de répondre que celui qui ne se conformerait pas à la loi, commettrait une faute et que les ouvriers victimes de cette faute, possédaient la faculté de traduire le délinquant devant les conseils de Prud'homme et à leur défaut les juges de paix. (Sénat. *Journal Officiel* du 25 avril 1894, p. 285).

(2) *Journal Officiel*. Année 1898. Annexe 409, p 314.

(3) Chambre des Députés. *Journal Officiel* du 7 décembre 1898, p. 2386.

7 décembre 1898 était ainsi libellé : « Les paiements des salaires des ouvriers et des employés seront faits un jour de travail. Ils ne pourront être effectués dans les débits de boissons, magasins de vente, ou économats, sauf pour les personnes qui y sont occupées. »

Tout laissait donc supposer que cet article ne soulèverait aucune objection au Sénat et que désormais le législateur allait, suivant les paroles de M. Dubief, « empêcher que l'ouvrier, à l'instant même où il reçoit son salaire, ne soit entraîné à n'en laisser tout ou partie entre les mains du débitant et à rentrer lui-même les poches vides à la maison. » (1) Mais la séance du 7 décembre 1898 fut la dernière qui fut consacrée à cette proposition : depuis lors, on n'en trouve plus trace à l'*Officiel*. Si bien que la réforme que d'un commun accord le Sénat et la Chambre avaient jugée indispensable, et que, tout au moins moralement, l'on pouvait considérer comme définitivement adoptée, n'est encore qu'à l'état de projet, et les abus que nos représentants regardaient comme éminemment condamnables, continuent à subsister comme par le passé.

La mesure que nous sommes encore à attendre, mesure dont la nécessité a été suffisamment justifiée devant les Chambres pour qu'il y ait lieu d'insister davantage sur l'opportunité de l'intervention du législateur à ce sujet, a été appliquée il y a déjà longtemps dans certains pays étrangers (2). En Belgique notamment, à la suite d'un vœu émis, en 1886, par la Commission du Travail qu'inquiétait l'extension prise par l'usage du paiement des salaires dans les débits, usage dont les conséquences correspondaient pour l'ouvrier à une véritable spoliation, la loi du 16 août 1887 intervint pour décider, dans son article 4, que le paiement des salaires ne pouvait être fait dans les cabarets, débits de boissons, maga-

---

(1) Chambre des Députés. *Journal Officiel* du 7 décembre 1898. p. 2386.
(2) G. VIDAL. Op. cit.

sins, boutiques et locaux y attenant. Des dispositions ana-
gues se rencontrent en Angleterre, en Allemagne, en Norvège, au Canada, au Danemark.

Il est un autre usage, connexe à celui que nous venons
d'examiner, et qui, comme tel, doit être également prohibé :
il consiste à payer une partie du salaire de l'ouvrier en bons
ou jetons fiduciaires qui ne peuvent être monnayés que dans
certains établissements déterminés : épiceries, débits de
boissons, magasins, etc...

L'étude de cette pratique n'entrant pas dans le cadre de
notre opuscule, nous nous contenterons de la mentionner (1).
Nous ferons remarquer, toutefois, que dans une conférence
sur « l'Alcool et l'embauchage en Normandie » (2), M. Biville,
professeur à la Faculté de Droit de Caen, la signalait comme
courante dans les ports normands.

—————•◉❦•—————

CHAPITRE V

————————

Interdiction de la vente à crédit ; dettes de cabaret

Faut-il également frapper d'interdiction la vente à crédit
dans les débits et, comme conséquence, dénier toute action en
justice pour dettes contractées dans ces établissements ?

Dans notre ancien droit la réponse était formelle (3).
« N'ont les taverniers et cabaretiers », déclarait la Coutume
de Paris, article 128, « aucune action pour vin ou autre
chose par eux vendues au détail par assiettes, en leurs mai-

(1) Cf. Cabouat. *De la Réglementation législative des salaires. Revue critique
de législation et de jurisprudence*, 1894, p. 220. Voir aussi Pic. *Traité élémentaire de législation industrielle*, p. 688.

(2) *L'Alcool*. 1900.

(3) *Pandectes françaises*, Au mot cabaret, p. 647 et suiv.

sons ». L'article 521 de la Coutume de Normandie était conçu en des termes identiques. Et Pothier (1), dans sa classification des obligations, citait les dettes de cabaret comme exemple de celles auxquelles la loi dénie l'action par rapport à la défaveur de la cause d'où elles procèdent.

Le Code civil n'ayant pas reproduit l'article 128 de la Coutume de Paris, il s'en suit que les dettes de cabaret donnent aujourd'hui naissance à de véritables obligations civiles. Il ne faut donc pas s'étonner que la vente à crédit soit fort en honneur chez les petits débitants, qui en font pour ainsi dire la base de leur commerce.

En agissant de la sorte, le débitant acquiert, en effet, une clientèle qu'il retient sous sa dépendance aussi longtemps qu'elle demeure son obligée. L'ouvrier qui a un crédit ouvert dans un débit ne fréquente plus que cet établissement, d'abord parce qu'il est certain de pouvoir y boire sans bourse délier, sans que le prix de sa consommation lui soit réclamé, en second lieu parce qu'il redoute, à bon droit du reste, que le débitant ne le force à payer immédiatement ses dettes, s'il apprenait que son débiteur va dans d'autres établissements que le sien. Et comme le paiement immédiat de ses dettes lui est impossible, il n'a garde de donner prise à la critique du patron. Bien au contraire, se sentant à la merci de ce dernier, l'ouvrier cherche les occasions de lui être agréable : il lui amène de nouveaux clients, multiplie le le nombre de ses consommations, offre de fréquentes « tournées ».

Avantages appréciables pour le débitant, mais non les seuls, car il pourra, sans crainte de soulever des réclamations, écouler, au prix des produits de marque, des produits inférieurs, des alcools honteusement frelatés. Il y aura donc pour lui double profit : augmentation de ses ventes et accroissement de ses bénéfices.

(1) *Pandectes françaises.* Au mot obligations, p. 47.

Quelle sera, par contre, la situation du consommateur débiteur ? N'étant plus tenu de proportionner le nombre de ses consommations aux ressources qu'il a en poche, il boira sans mesure, pour la seule satisfaction de contenter sa passion. Il n'ignore pas, sans doute, que le débitant ne lui fera pas indéfiniment crédit, qu'il lui faudra, certain jour, solder ses dettes ; mais ce jour lui paraît tellement éloigné qu'il n'y songe pas, si tant est qu'il puisse songer à une chose autre que sa passion.

Donc, les consommations se succèdent et la note monte graduellement, atteignant finalement une somme relativement importante. La scène change alors brusquement : le débitant qui, jusqu'ici, a traité l'ouvrier comme un camarade, un ami, arrête le crédit et réclame, sinon la totalité de la dette, du moins des acomptes sérieux. L'ouvrier, se trouvant dans l'impossibilité de faire face à cette injonction, saisie-arrêt est faite sur son salaire, les meubles de son ménage sont mis en vente et c'est désormais pour l'ouvrier et sa famille la misère affreuse, sans la moindre chance de relèvement. Et c'est ainsi que, par l'effet du crédit qu'il aura trouvé au débit, l'ouvrier deviendra alcoolique et misérable, entraînant les siens dans sa déchéance.

Chose digne de remarque, le législateur, loin de chercher à prévenir ces conséquences, connues de tous, de la vente à crédit, semble les favoriser en laissant à la disposition des débitants l'arme redoutable dont nous venons de parler : le droit de faire saisie-arrêt sur les salaires des ouvriers (Loi du 12 janvier 1895, article premier).

La loi sur la saisissabilité, disait un industriel (1) « portera sa responsabilité dans les ravages de l'alcoolisme, et, si ce fléau social continue de faire dans les centres industriels les progrès effrayants que chacun déplore et contre lesquels on semble, à l'heure actuelle, vouloir lutter énergiquement,

(1) *Réforme sociale* du 16 avril 1903. *La saisie-arrêt sur les salaires.*

c'est en raison de la facilité avec laquelle l'ouvrier peut trouver chez l'épicier-débitant un crédit permanent, toujours disproportionné avec ses ressources et conséquemment nuisible et immoral ».

On ne se doute pas, écrit de son côté un industriel de la Loire (1) « quel danger est pour l'ouvrier cette facilité de crédit que l'on trouve chez les marchands de vin. Sur vingt saisies-arrêts que j'ai reçues cette année, seize émanaient des cabaretiers ».

Pourtant, depuis longtemps déjà, les hygiénistes et les économistes dénonçaient la nécessité de mettre un terme à la facilité du crédit dans les débits de boissons.

En 1895, le 6 juillet, M. Lemire déposait à la Chambre des Députés, lors de la discussion du projet de loi relatif à la réforme de l'impôt des boissons, un article additionnel ainsi conçu : « A partir de la promulgation de la présente loi, les dettes contractées pour liqueurs alcooliques consommées sur place dans un débit seront assimilées aux dettes de jeu et de paris visées par l'article 1905 du Code civil ».

M. Lemire motivait sa proposition de la façon suivante : (2)

« Il est incontestable que les ravages de l'alcool sont plus grands et plus désastreux que ceux des dettes de jeu et des paris. Ces derniers ne nuisent qu'à une certaine catégorie de citoyens appartenant aux familles les plus nobles et les plus considérables, tandis que l'alcool atteint les familles pauvres, c'est-à-dire le peuple. C'est pour cela qu'il me semble juste de ne pas mettre la loi en mouvement lorsqu'il s'agit de recouvrer les dettes qui font tant de mal à la plus grande quantité des citoyens français. »

Elle fut repoussée sous le prétexte que « cette proposition ne pouvait prendre place dans une loi relative au régime fiscal des boissons. » (2)

---

(1) *Réforme sociale* du 16 avril 1903. *La saisie-arrêt sur les salaires.*
(2) *Journal Officiel* du 7 juillet 1895. Députés, Débats, p. 2009.

M. J. Simon (1) formulait un avis identique à celui de M. Lemire, et M. Rau (2), Procureur général à la Cour de Cassation, dans son discours de rentrée du 16 octobre 1895, se déclarait également partisan de l'assimilation, sauf pour fournitures d'aliments, des dettes de cabaret aux dettes de jeu. N'est-ce pas là, en effet, une solution toute indiquée !

Elle doit être rejetée comme antijuridique, répondent MM. Mutau et Vidal (3) qui considèrent également comme antijuridiques les dispositions de certaines législations étrangères (Belgique, Norvège, Suède, etc.), qui dénient l'action en justice pour dettes de cabaret.

Ces dettes, dit M. Vidal « ne sont pas sans cause ; elles n'ont pas de cause illicite tant que la vente des boissons alcooliques est autorisée ; elles ne peuvent donc être assimilées aux dettes de jeu et les priver de la garantie d'action en justice serait violer les principes les plus élémentaires du droit civil ».

Mais, fait remarquer M. Cabanes (4), il existe un moyen terme dont la loi hongroise de 1883 nous donne un exemple. L'article 5 de cette loi prescrit que les créances pour consommations de spiritueux qui dépassent 8 florins ne sont pas exigibles en justice. Cet avis doit être affiché de manière apparente dans tous les locaux où sont débitées des boissons et il appartient à chaque Municipalité de déterminer le montant du crédit à accorder, ce crédit ne pouvant être inférieur à deux florins ni supérieur à huit florins.

M. Cabanes proposait en conséquence, de limiter l'action en justice à un certain quantum et, en outre, de faire tomber cette action sous le coup d'une prescription spéciale. A son avis, et il suffirait pour cela d'une simple addition à l'article 2271 du Code civil, l'action en paiement de dettes de cabaret

(1) Cf. Korn, op. cit., p. 215.
(2) *Bulletin de la Société générale des Prisons*, 1895, p. 1352.
(3) *Bulletin de la Société générale des Prisons*, 1897, p. 18.
(4) *Bulletin de la Société générale des Prisons*, 1897, p. 452.

devrait être subordonnée à une prescription de deux ou trois mois au plus et n'être reçue en justice que jusqu'à concurrence d'une fourniture maxima de 0 fr. 50 ou 1 franc par jour et par personne.

Si ingénieuse que soit la proposition de M. Cabanes, elle ne constitue qu'une demi-mesure et comme telle ne nous semble pas acceptable. Du moment que la légalité de la vente à crédit dans les débits est admise, on peut être certain, en effet, que, quelles que soient les limitations auxquelles cette vente sera soumise, la situation que nous avons signalée subsistera sans grande modification. Aucun résultat sérieux ne sera obtenu, à notre avis, tant que l'interdiction absolue de la vente à crédit ne sera pas ordonnée par une loi.

Or, dit-on, cela est impossible, puisque les dettes de cabaret ont une cause et que cette cause ne peut être considérée comme illicite tant que la vente des boissons reste autorisée. Sans doute il en va ainsi actuellement. Pourtant, si l'on admet le droit pour le législateur d'intervenir dans la réglementation du commerce des débitants de boissons, si on lui concède celui de s'interposer entre le débitant et le consommateur en vue de prévenir des abus qui ne manqueraient pas autrement de se produire, il semble difficile, par voie de conséquence, de prétendre que ce droit n'entraîne pas aussi le pouvoir de répudier la validité de contrats dont l'exécution donnera naissance aux abus que l'on cherche à combattre. Contrats du reste immoraux au dernier point : immoraux par leur objet, puisque cet objet est la satisfaction d'une passion et que cette satisfaction aura lieu dans le débit avec la complicité du débitant ; immoraux dans leur essence, puisqu'ils mettent aux prises deux personnes dont l'une, aveuglée par sa passion, est incapable de se rendre un compte exact des conséquences qui découleront pour elle du crédit obtenu, tandis que l'autre, pleinement consciente de ses actes, n'a d'autre but que de poursuivre l'exploitation de cette passion aveugle.

D'ailleurs, en dehors de toute autre considération, l'interdiction de la vente à crédit nous semble se justifier suffisamment au point de vue social : cette vente est l'un des canaux qui alimentent l'alcoolisme, il y a donc lieu de la condamner. M. Vidal fait remarquer que l'article 1965 du Code civil n'a jamais constitué une entrave sérieuse à la passion du jeu. Cela provient évidemment, ainsi que l'observait M. Lemire, de ce que cette passion n'atteint que la classe privilégiée des riches. Au contraire, les dettes de cabaret sont l'une des tristes prérogatives de la classe ouvrière, de la classe pauvre. L'irrecevabilité de ces dettes serait, à n'en point douter, un obstacle certain à leur constitution future, sous la réserve toutefois que le débitant et le consommateur soient mis dans l'impossibilité de faire disparaître, sous le couvert d'obligations simulées, la trace de leur origine.

M. Korn (1) propose dans ce but, par dérogation exceptionnelle à l'article 1319 du Code civil, de n'accepter que comme commencement de preuve par écrit les obligations souscrites aux cabaretiers, obligeant ces derniers à démontrer, au moyen de la preuve testimoniale, de l'aveu et du serment, que la dette dont le paiement est poursuivi n'est pas une dette de boissons alcooliques à consommer sur place. « C'est nettement antijuridique. j'en conviens, dit-il, mais, en sens contraire, est-il plus juridique d'admettre, au profit des commerçants la preuve testimoniale en matière commerciale, lorsqu'on la refuse en matière civile aux simples particuliers, de présumer commerciales et de faire bénéficier d'un privilège de juridiction (638 C. commerce) les obligations souscrites par les commerçants ? »

Nous partageons la manière de voir de M. Korn et, comme lui, nous pensons que « les conditions spéciales du commerce des cabaretiers légitiment cette suspicion à leur égard. »

(1) Op. cit., p. 217.

CHAPITRE VI

Attractions diverses. Cafés-concerts

Ne convient-il pas, enfin, de condamner les moyens originaux mis en œuvre par l'ingéniosité du débitant, en vue d'attirer et de conserver, le plus longtemps possible, les consommateurs dans son établissement ?

Ces moyens revêtent les dehors les plus divers : ce sont les journaux, les revues, les illustrés qu'il est loisible de parcourir ; c'est la faculté d'écrire, d'attendre sans trop d'impatience la communication téléphonique, ce sont surtout les jeux de toutes sortes (cartes, dominos, échecs, dames, billard, etc.) ; les auditions vocales ou instrumentales, les exhibitions de tours d'adresse et de force, le déroulement des danses, etc., etc. Attractions innombrables, dont il serait impossible de dresser une liste même approximative : l'esprit inventif du débitant ne connaît pas de borne quand il y va de son intérêt.

Actuellement, ce sont les Préfets et les Municipalités qui ont toute latitude, en vertu de leurs pouvoirs de police, pour autoriser ou prohiber les attractions dans les débits. Mais, les autorités préfectorales et municipales n'usent de leur pouvoir prohibitif qu'avec une réserve extrême, et leur intervention n'apparaît que dans les cas où elle devient obligatoirement nécessaire, c'est-à-dire lorsqu'il n'est pas douteux que les attractions introduites au débit troubleront, en dehors de toute mesure, la tranquillité publique, violeront ouvertement la morale ou les bonnes mœurs, pourront être la cause de scandales. De telle sorte que le rayon d'action ouvert à la fantaisie du débitant peut être considéré comme à peu près illimité.

Sans doute, en agissant ainsi, les autorités municipales et

préfectorales cherchent à se conformer, aussi strictement que possible, au principe de la liberté du commerce et de l'industrie, mais elles oublient, par contre, que l'exercice du commerce de la vente des boissons à consommer sur place, nécessite des mesures spéciales et rigoureuses, et que le droit à l'exploitation d'un débit n'entraîne nullement, suivant les termes mêmes de la circulaire de M. Clemenceau sur les *cafés-concerts* (6 décembre 1906), le pouvoir pour le propriétaire ou le gérant « d'user de tous les moyens à sa convenance, pour retenir ou accroître sa clientèle et assurer la prospérité de son exploitation ». Le débit de boissons a sa raison d'être dans la satisfaction d'un besoin, le besoin pour l'homme d'étancher sa soif ; l'existence d'attractions dans un pareil établissement n'a pas, que nous sachions, de corrélation directe avec la satisfaction de ce besoin. Dès lors, et du moment que ces attractions présentent, au point de vue de l'alcoolisme, des inconvénients incontestables, il y a lieu d'en poursuivre la suppression.

Nous n'avançons pas par là, toutefois, que ces attractions doivent être prohibées de façon absolue ainsi que cela se pratique en Suède et en Norvège (1) : dans ces pays, le débit est démuni même de tables et de chaises et le consommateur ne peut y demeurer que le temps d'avaler, debout, près du comptoir, la boisson qu'il a demandée. Il ne peut évidemment être question d'acclimater en France un pareil régime. Mais, du moins, nous prétendons que le législateur devrait déterminer limitativement les attractions qui, dans l'état actuel de nos mœurs, sont, de façon générale, considérées comme les accessoires ordinaires du commerce de la vente des boissons à consommer sur place et qui, à ce titre, pourraient seules être autorisées dans les débits.

Les observations que nous venons de présenter s'appliquent uniquement aux débits ordinaires ; elles n'ont pas trait

(1) Vidal, op. cit.

aux établissements dénommés cafés-concerts, lesquels sont soumis à un régime particulier qu'il n'est pas sans intérêt d'examiner.

Les cafés-concerts tombent sous le coup de l'article 6 du décret du 6 janvier 1864 (décret proclamant la liberté de l'industrie théâtrale), d'après lequel « les spectacles de curiosités, de marionnettes, les cafés dits cafés-chantants, cafés-concerts et autres établissements du même genre restent soumis aux réglements présentement en vigueur. »

La portée de cet article 6 était ainsi précisée par la circulaire ministérielle du 28 avril 1864 : « La liberté accordée à l'industrie spéciale des théâtres ne s'étend pas et ne pouvait s'étendre à tous les établissements publics d'un autre ordre et notamment aux cafés qui, comme débits de boissons, sont soumis à des réglements spéciaux.

Sous l'empire du décret du 29 décembre 1851 les cafés-concerts se trouvaient, en conséquence, ainsi que cela résulte de la circulaire ministérielle du 6 avril 1853, rappelée par celle du 27 novembre 1872, assimilés aux débits de boissons et leur ouverture était subordonnée à l'autorisation préalable du Préfet.

La loi du 17 juillet 1880 n'ayant fait aucune réserve en ce qui concerne ces établissements, ne fallait-il pas en conclure que leur ouverture devenait absolument libre ? Cette interprétation, qui semble logique, n'en est pas moins condamnée par les instructions administratives, et la Cour de Cassation, elle même, dont la jurisprudence en la matière est constante, déclarait récemment encore, par un arrêt en date du 23 juin 1903, que « l'arrêté municipal qui interdit l'ouverture d'un café-concert sans l'autorisation du maire est pris dans le cercle des attributions municipales et en conformité de la législation expressément consacrée par l'article 6 du décret du 6 janvier 1864. » (1)

(1) Sirey 1905, I, 544. Voir aussi Sirey, 1893, I, 443. (Arrêt de Cassation du 13 Juillet 1893).

Si donc le préfet n'a plus, depuis 1880, le droit d'interdire l'ouverture d'un café-concert, ce droit appartient du
moins aux autorités municipales, en vertu de l'article 97 de
la loi du 5 avril 1884. C'est là la seule modification qui ait
été apportée au régime antérieur. Remarquons, du reste, que
les Maires peuvent invoquer utilement en matière de cafés-
concerts l'article 4, titre XI, de la loi des 16-24 août 1790,
article toujours en vigueur et d'après lequel « les spectacles
publics ne pourront être permis et autorisés que par les officiers municipaux ».

Soit que les dispositions de l'article 6 précité et la teneur
des circulaires ministérielles explicatives de cet article
aient été considérées comme abrogées, par la loi de 1880, par
les autorités administratives, soit que ces dernières les aient
simplement perdues de vue ou qu'elles en aient poursuivi
l'application avec une extrême indulgence, toujours est-il
que le régime spécial auquel est soumise l'industrie des
cafés-concerts n'en a contrarié en rien l'essor : le nombre de
ces établissements s'est accru, comme celui des débits de
boissons, dans une énorme proportion.

Emu de cette multiplication incessante des cafés-concerts,
des abus et des scandales auxquels donnaient constamment
lieu leur exploitation, M. Clemenceau, ministre de l'Intérieur, s'est préoccupé de rechercher « les moyens de remédier à une situation fâcheuse et même parfois pleine de
périls (1). Une circulaire du 6 décembre 1906 est venue, en
conséquence, « dissiper une fois pour toutes les équivoques
qu'ont pu faire naître divers textes ou des instructions
ministérielles déjà anciennes », et déterminer les règles
essentielles auxquelles devraient être désormais subordon-
nés ces établissements « à l'effet d'empêcher le retour des
abus de tout genre qui leur sont à juste titre reprochés (1) ».

Ces règles sont les suivantes : l'autorisation municipale

---

(1) Page 1 de la circulaire.

nécessaire à l'ouverture d'un café-concert ne doit être délivrée que si le pétitionnaire « s'engage à ne pas loger ni
nourrir les artistes dans son établissement ou ses dépendances et à n'intervenir, en aucune façon, dans la question
de leur logement et de leur nourriture à moins d'une autorisation spéciale et écrite du Maire, qui ne devra être délivrée
qu'à titre exceptionnel et dans des cas particuliers. »

On objecterait en vain, dit M. Clemenceau, « que la défense
de loger et de nourrir les artistes engagés, même ceux qui
le demanderaient à l'employeur, est entachée d'illégalité par
le motif qu'elle porte atteinte à la liberté des contrats. L'autorité municipale, en effet, n'excède nullement ses pouvoirs
en subordonnant l'autorisation de l'espèce, qui constitue une
faveur exceptionnelle aux conditions qui commandent les
intérêts du bon ordre, encore que ces conditions constituent
une dérogation au droit commun et soient restrictives de la
liberté (1) ».

Dans le but de mettre obstacle à la coutume des soupers,
coutume dont il est inutile de faire ressortir les inconvénients,
il est interdit aux artistes de demeurer au café-concert après
la fermeture réglementaire, dont l'heure ne peut être plus
tardive que celle fixée pour la fermeture des débits de
boissons, si ce n'est durant le temps jugé utile pour qu'ils se
préparent à gagner leur logis.

Pendant la durée des représentations, les artistes ne doivent avoir aucun contact, aucune relation avec le public ; ils
ne doivent demeurer sur la scène que le temps strictement
nécessaire pour l'exécution de la partie du programme qui
leur incombe (et ceci est la condamnation définitive de la
honteuse et immorale *pose*) ; enfin, il leur est défendu de
pénétrer, pendant les représentations, dans la partie de la
salle affectée au public, d'y consommer et d'y faire la quête
(et ainsi disparaissent ces immorales coutumes qui mettaient

_____

(1) Page 6 de la circulaire.

la femme au rang de bétail humain et la contraignaient aux pires compromissions).

Sous peine du retrait immédiat de leur autorisation, et sans préjudice des poursuites judiciaires qui seraient exercées, les tenanciers de cafés-concerts ne doivent admettre dans leurs établissements aucun chant, récitation, saynète ou divertissement quelconque, susceptible de porter atteinte à la morale ou à l'ordre public. Du reste, le programme de chaque soirée doit être préalablement visé par l'autorité municipale et un représentant de la force publique, chargé à la fois de surveiller l'exécution de ce programme et de signaler les diverses infractions qui pourraient être faites aux lois, notamment celles qui constitueraient un outrage aux bonnes mœurs par actes, gestes ou paroles, doit assister aux représentations.

Il importe, dit enfin M. Clemenceau (1), « que ces dispositions constituent une règle générale et uniforme applicable dans chaque département, en sorte que c'est à vous qu'il appartiendra de les édicter par voie d'arrêté, ainsi que vous le faites déjà pour les cafés et débits de boissons et en usant des pouvoirs qui vous sont conférés par l'article 99 de la loi du 5 avril 1884 ». Et, pour bien marquer sa ferme volonté de voir édicter des dispositions identiques dans tous les départements, M. Clemenceau enjoint aux Préfets de prendre un arrêté conforme au modèle annexé à sa circulaire.

Les cafés-concerts sont donc, actuellement, soumis à une réglementation uniforme dont l'application a déjà entraîné des résultats excellents. La suppression de la pose, des quêtes, l'interdiction pour le tenancier de loger et d'héberger les artistes, la nécessité de faire viser le programme de chaque soirée par l'autorité municipale constituent des innovations heureuses que nous approuvons sans restriction.

Toutefois, nous croyons qu'il faut faire davantage encore,

(1) Page 4 de la circulaire.

qu'il est un dernier but à atteindre : la scission complète du débit et du concert. Il faut empêcher que celui qui fréquente ces établissements, attiré par l'appât d'un spectacle plus ou moins intellectuel ou artistique, soit mis dans l'obligation de payer en alcool le plaisir des yeux et des oreilles. Le concert joue, vis-à-vis du débit, le rôle de commerce annexe en conséquence, sa réunion au débit doit être défendue pour des raisons identiques à celles qui nous ont fait demander l'interdiction d'adjoindre un commerce quelconque à celui de la vente des boissons.

Conclusion

Ainsi, nous sommes de ceux qui pensent que la lutte contre l'alcoolisme ne sera portée sur son véritable terrain, qu'elle ne donnera de résultats décisifs, qu'autant que le législateur se sera mis résolument à la tête du mouvement et dirigera lui-même l'attaque contre ce fléau éminemment redoutable.

Le mal est considérable, il se répand avec une rapidité inouïe, il ne peut être enrayé que par des moyens énergiques : il faut le frapper à son foyer, le forcer dans son repaire, combattre le débit de boissons.

Une mesure s'impose donc avant toute autre : rapporter sans retard la loi du 17 juillet 1880 et remplacer la facilité extrême qu'elle laisse de se livrer au plus dangereux des vices par une réglementation sévère et minutieuse du commerce de la vente des boissons à consommer sur place, réglementation dont les caractéristiques devraient être, à notre avis, la limitation du nombre des débits et la moralisation de ces établissements.

Subordonner, à l'avenir, l'ouverture des débits à la nécessité d'une autorisation préalablement accordée, interdire toute nouvelle création jusqu'à ce que, par le jeu des extinctions naturelles, l'application d'un tarif de licence uniforme et suffisamment élevé, la prohibition des commerces annexes et l'intervention de décisions judiciaires, leur nombre ne soit pas supérieur au quantum déterminé par la loi, devrait être le propre de la limitation telle que nous la concevons.

Et d'un autre côté, il nous semblerait désirable, en vue de

moraliser les débits, non seulement d'éliminer de la profession de débitant les individus dont l'honorabilité n'est pas
entière et de soumettre les locaux de vente, rendus d'une
habitabilité plus conforme à leur destination, à une surveillance constante de la police, mais encore d'en défendre
l'exploitation chaque fois que l'intérêt général le réclame,
d'en proscrire la débauche sous quelque forme qu'elle s'y
présente, enfin de réprimer avec la dernière rigueur les
manœuvres coupables ou simplement abusives auxquelles
les débitants, que guide un intérêt sordide, ne craignent pas
de se livrer.

Est-ce à dire que la mise en vigueur d'une pareille réglementation suffirait à résoudre le problème antialcoolique ?
Certes non. L'alcoolisme ne dépend pas d'une cause unique,
des facteurs nombreux concourent à son développement, il
faut donc, pour arriver à le combattre victorieusement, faire
agir concurremment des moyens divers.

Mais, du moins, nous avons la conviction que de tous les
moyens qui pourraient être employés dans ce but, le principal, le plus pratique, comme aussi le plus efficace, serait
celui qui, tenant compte de l'attrait de la tentation et de la
faiblesse humaine, éloignerait de l'homme, du travailleur
particulièrement, l'occasion de mal faire et remplirait, en
outre, d'une crainte salutaire, cet expert en l'art d'allumer les
passions qu'est le débitant de boissons.

Vu :

Le Professeur, président de la thèse,
RAOUL BIVILLE.

Vu :
Le Doyen de la Faculté,
EDMOND VILLEY.

Vu et permis d'imprimer :
Le Recteur de l'Académie de Caen,
R. MONIEZ.

Bibliographie

✥

1° Ouvrages généraux ou spéciaux

ANTHEAUME. — *L'Alcool en Belgique au point de vue fiscal et hygiénique* (Thèse, Paris, 1901).

BECQUET. — *Répertoire de Droit administratif* (cf. Cabaret, Impôts indirects), 1885.

BLANCHE. — *Dictionnaire général d'Administration*, 1904.

BLOCH. — *Dictionnaire de l'Administration française* (cf. Cabarets), 1898.

Congrès international du Commerce des vins, spiritueux et liqueurs, tenu à Paris, du 16 au 21 Juillet 1900 (Ministère du Commerce et de l'Industrie, Exposition universelle de 1900).

COURCELLE. — *Répertoire de Police administrative et judiciaire* (cf. Cafés, Cabarets, etc.), 1899.

DALLOZ. — *Code des Lois politiques et administratives* (cf. Communes, impôts indirects).

DALLOZ. — *Répertoire*.

DALLOZ. — *Recueil*.

DITTE. — *La Législation des Débits de boissons et les projets de réforme* (Thèse, Paris, 1905).

FIAUX. — *La Police des mœurs devant la Commission du régime des mœurs* (Paris, 1907).

FOCHIER. — *L'Alcoolisme devant la Loi pénale* (Thèse, Paris, 1900).

GUERLIN DE GUER. — *Des Débits de boissons* (Caen, 1881).

KORN. — *L'Alcoolisme en France et le rôle des Pouvoirs publics dans la lutte contre le cabaret* (Thèse, Dijon, 1900).

LOISEAU. — *Alcoolisme et Réforme sociale* (Thèse, Paris, 1900).

Metman. — *Étude sur les législations européennes relatives aux débits de boissons alcooliques*, Paris, 1880.

Pandectes françaises (cf. Cabaret, Obligations).

Sirey. — *Recueil.*

Trescaze. — *Dictionnaire des Contributions Indirectes*, 1904-1906.

2º Journaux, Revues, Publications diverses

L'Alcool.

Annales antialcooliques (Les) :

    J. Denis. — *Les Cabarets et le niveau de la consommation des Alcools*, Mai 1904.

    A. Don. — *La nouvelle loi antialcoolique de Hollande et la limitation du nombre des Débits*, Mars 1905.

    Dupré de la Tour. — *La lutte antialcoolique aux États Unis*, 1903.

    Dʳ Legrain. — *Échec du projet de loi Siegfried-Bérenger*, Décembre 1904.

    Dʳ Legrain. — *En Suède. Impressions de voyage*, 1904-1905.

    Dʳ Legrain. — *Paris buveur*, Juillet 1905.

    Dʳ Legrain. — *Le Réveil du débitant*, Juillet 1906.

    F. Thorp. — *Correspondance d'Angleterre*, Décembre 1904.

    F. Thorp. — *Le Gothembourg anglais*, Novembre 1906.

Annuaire de législation étrangère.

Annuaire statistique.

Bulletin officiel du Ministère de l'Intérieur :

    Circulaire du 6 Décembre 1906 (cafés-concerts).

    Circulaire du 16 Mars 1907 (sur l'application des lois du 23 Janvier 1873 et 17 Juillet 1880).

Bulletin de la Société générale des Prisons :

    G. Vidal. — *Enquête sur l'alcoolisme*, Décembre 1896.

    G. Vidal. — *L'alcoolisme et la loi pénale*, Janvier 1897.

Bulletin de statistique et de législation comparée.

Economiste français (L') :

    G. Michel. — *Les Effets d'une mauvaise Loi*, Septembre 1899.

Etoile Bleue (L') :

    J. Reinach. — *L'alcoolisme et les Débits de boissons*, Juin 1907.

    J. Reinach. — *La limitation des Débits*, Janvier 1907.

    Dʳ Triboulet. — *L'alcoolisme au Canada*, 1906-1907.

Journal des Contributions Indirectes (Le) :

> J. SAY. — *Rapport* présenté au nom de la Commission extra-parlementaire de l'alcool, 1888, p. 378.
>
> DENOMAISON. — *L'alcoolisme et la Réglementation des Débits de boissons,* 1897, p. 552.
>
> *La Réglementation des Débits de boissons en Belgique* (chronique), 1901, p. 215, 1908, p. 151.
>
> *La Réglementation des Débits de boissons en Algérie,* 1901, p. 229.

Journal Officiel (voir principalement) :

> Loi du 23 Janvier 1873 : Proposition VILFEU (*Officiel* du 26 Juin 1871) ; Proposition ROUSSEL (*Officiel* des 5 et 6 Octobre 1871) ; Rapport DESJARDINS (*Officiel* des 7 et 8 Février 1872) ; Délibérations (*Officiel* des 17 Février, 24 et 25 Avril 1872 ; 24 Janvier 1873).
>
> Loi du 17 Juillet 1880 : Dépôt des propositions : BOUCHET (2 Décembre 1872) ; SANSAS (16 Mars 1876, Députés) ; MENTION (10 Juin 1876, Députés).
>
> Chambre des Députés : Rapport de SONNIER (p. 3026, 1877) ; Proposition de GASTÉ (*Officiel* du 18 Novembre 1877) ; Rapport de SONNIER (*Officiel* du 9 Décembre 1877) ; Discussion (*Officiel* du 23 Mars 1878).
>
> Sénat : Rapport de LAMORTE (*Officiel* du 27 Mai 1880) ; Discussion (*Officiel* du 4 Juin 1880).
>
> Retour à la Chambre : Rapport de SONNIER (*Officiel* du 18 Juillet 1880) ; Discussion et adoption (*Officiel* du 2 Juillet 1880).
>
> Année 1887 : CLAUDE (des Vosges). — Rapport présenté à la Commission sénatoriale d'enquête sur la consommation de l'alcool en France (*Documents parlementaires*, Sénat. Annexe 42).
>
> Année 1895 : LANNELONGUE (Dr). — Discours prononcé à la Chambre de Députés, le 6 Juin, sur la réforme de l'impôt des boissons et l'alcoolisme (*Officiel*, Débats Chambre, 7 Juin).
>
> Année 1899 : GUILLEMET. — Rapport fait au nom de la Commission de l'alcool, tendant à établir en France le monopole de la rectification de l'alcool (*Documents parlementaires,* Députés, n° 1163).

Siegfried. — Proposition de loi relative à la réglementation des débits de boissons (*Documents parlementaires*, Sénat n° 86).

Année 1904 : Guérin. — Rapport sur le projet Siegfried (*Documents parlementaires*, Sénat, n° 113) ; Discussion du projet Siegfried-Guérin (Sénat. Débats, *Officiel* des 18, 19, 23 Novembre).

Année 1905 : Bérenger. — Proposition de loi relative à la limitation et à la réglementation du nombre des débits de boissons (*Documents parlementaires*, Sénat, n° 21).

Année 1907 : A. Boyer. — Proposition de loi relative à la limitation du nombre des débits de boissons (*Documents parlementaires*, Députés, n° 781).

Caillaux. — Proposition de loi tendant à prévenir le mouillage des vins et l'abus du sucrage (*Documents parlementaires*, Députés, n° 966).

Journaux quotidiens.

Journaux vinicoles (*Moniteur vinicole. Revue vinicole*, etc).

Normandie médicale (La) :

Brunon. — *L'alcoolisme en Normandie*, 1896, p. 416.

Recueil des Actes administratifs de la Préfecture du Calvados.

Recueil des travaux du Comité consultatif d'hygiène de France.

Réforme sociale (La) :

Delcourt-Haillot. — *La saisie-arrêt sur les salaires*, Avril 1903.

Revue critique de Législation et de Jurisprudence (La) :

Cabouat. — *De la Réglementation législative des Salaires*, 1894, p. 220 et 366.

Revue des Deux-Mondes (La) :

Avenel. — *Le Mécanisme de la Vie moderne ; l'Alcool*, Juillet 1899.

Rochard. — *L'Alcool, son rôle dans les Sociétés modernes*, Avril 1886.

Talmeyr. — *Mœurs électorales ; le Marchand de vin*, Août 1898.

Revue d'Économie politique (La) :

Gide. — *De la Suppression ou de la Réglementation des Débits de boissons*, 1904, p. 513.

Revue hebdomadaire (La) :

J. Hermann. — *L'Alcoolisme en Normandie*, Septembre 1896.

Revue Politique et Parlementaire (La) :

BERNER. — *Le Régime de l'Alcool en Norwège*, Novembre 1896.

B. R. S. — *Le Régime de l'Alcool en Russie*, Janvier 1897.

BERTILLON. — *Le Monopole de l'Alcool en Russie*, Août 1899.

BOULANGER. — *La Réforme des Boissons*, Janvier 1897.

BOURCART. — *Le Péril de l'Alcoolisme et les Remèdes*, Janvier 1896.

DUPUY (Ch.). — *L'Alcool, l'Alcoolisme, les Réformes et l'Hygiène*, Novembre 1896.

DROZ. — *Le Monopole de l'Alcool en Suisse*, Août 1895 ; Novembre 1896.

H. JOLY. — *Les Associations et l'Etat dans la Lutte contre le Crime*, Novembre 1896.

J. KOREN. — *L'Alcoolisme aux États-Unis*, Juin 1898.

G. LORAND. — *Le Régime de l'Alcool en Belgique*, Avril 1897.

G. LUND. — *Le Régime de l'Alcool au Danemark*, Décembre 1896.

MACALESTER-LOUP. — *Le Régime de l'Acool au Pays-Bas*, Décembre 1896.

MAC-KENNA. — *Le Régime de l'Acool en Angleterre*, Décembre 1896.

PAASCHE. — *Le Régime de l'Alcool en Allemagne*, Décembre 1896.

SIEGFRIED. — *La Lutte contre l'Alcoolisme en Nouvelle-Zélande*, Mars 1900.

Revue des Revues (La).

Revue scientifique (La) :

VAN DEN HEUVEL. — *La Lutte contre l'Alcoolisme aux États-Unis*, Mars 1895.

Tempérance (La) :

Séance du Conseil de la Ligue Nationale contre l'Alcoolisme (21 Février 1899), 1899.

Dr BERGERON. — *Alcoolisme et Criminalité*, 1896.

Dr BERGERON. — *La Lutte contre les Progrès de l'Alcoolisme en Europe*, 1895.

DE CASABIANCA. — *Législation du Royaume Uni sur la réglementation des Débits de boissons*, 1900.

DELATTRE et DESVOISINS. — *Les Débits de Boissons*, 1886.

Dupré de la Tour. — *La Lutte antialcoolique aux Etats-Unis*, 1903.

Dr Legrain. — *L'Alcoolisme en France*, 1896.

Dr Legrain. — *L'Alcoolisme et l'Antialcoolisme en Scandinavie*, 1904.

Marambat. — *L'Alcoolisme et la Criminalité*, 1886.

TABLE DES MATIÈRES

DEUXIÈME PARTIE

Réglementation relative au Fonctionnement des Débits de Boissons

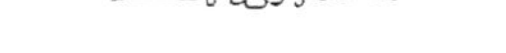

2296. — Imp. Adeline, G. POISSON et Cie, Succ^rs 16, rue Froide, Caen

www.ingramcontent.com/pod-product-compliance
Ingram Content Group UK Ltd.
Pitfield, Milton Keynes, MK11 3LW, UK
UKHW021928070726
13614UKWH00001B/306